王様は自分

在宅生活をめぐる50の物語

小島操

目次

生き物たちとともに……1
ヒトという生物……6
親の老化、自分の老後……11
福祉用具はしゃべらない……16
地域ケア会議のゆくえ……21
人生はじぶんのもの……26
手軽に買える車いす……31
片手の一分ローズ……36
わからないけどきけない……41
施設ケアマネの悩み……46
施設で感じた障害者権利条約……51
求められているもの……56

ふくしようぐって言うんだ・・・ 61
千人の敵と千人の味方 66
いちばんいい「笑顔」をつくる 72
娘たちの介護　罪悪感 77
ネット購入、ちょっと待って 82
娘たちの介護　心配 87
思いがけないくいちがい 92
ひとり暮らしの夕暮れ 97
長い年月一緒にいるとわかること 102
地域の商店街とつながる！ 107
まちゼミ開催！ 112
福祉用具がそこにあることで支えているもの 117

人生を歩み切る姿……122
わかっちゃいるけど・・ね……127
オレンジカフェってどんなかな……132
介護職という尊い仕事……137
運命かもしれないね……142
どんな時も人は人を支えている……147
正義という仮面……152
多職種が協働する相乗効果……157
パソコンのウイルス感染……162
忘れてほしくないこと……167
まちゼミの季節……172
簡単にやめられない……177

厳しい決定……182
毎日を継続するということ……187
自分の家だから王様は自分……192
王様は希望を捨てない……197
この部屋でこの場所で二人きり……202
褥瘡を治したのはだれだ……207
としよりのきもち……212
自分の中に流れるもの……217
満開の桜の木の下で……222
春はエネルギーを感じる時……227
仏様のお水とごはん……232
ことばのちから……237

娘たちの介護　正しいはない……242
私たちが支援する自立ということ……247

初出：月刊「福祉介護テクノプラス」
２０１３年9月号～２０１７年11月号（２０１４年10月号休載）
単行本化にあたり表記を変更した箇所がございます。
初出時よりそれぞれの原稿は、個人の特定を避けるため手を加えた内容となっています。（著者）

発刊に寄せて
私を変えたケアマネさん　志川久子……252
可能性を具体化してくれる人　菊地ふみ子……254
山の友達　三宅雅代……256
あとがき……258

表紙・本文挿画　三宅雅代
表紙タイトル　小島　操

王様は自分

在宅生活をめぐる50の物語

生き物たちとともに

子どもたちが独立して、夫婦だけの暮らしになったとき、あるいはその夫婦のくらしもどちらか独りになってしまったとき、生き物とともに生活しようとする人たちがいる。上手に助け合って、日々の暮らしが成り立っていく。

ねこの具合が悪いそうです…

Hさんのデイサービスの担当者から連絡があった。

「今週はお休みするという電話がありました」

「えっ、数日前にお会いしたけれどお元気でしたよ」

「そうなんです。Hさんの体調ではないです。ねこの具合が悪いそうです」

というわけで、Hさんは一週間デイサービスの予定をキャンセルした。

しょうがないなあ…と思いながらご自宅に電話をしたらご主人が出て、ねこの話だけで終わった。昨日手術をして、ねこも今精神的にも不安定になっていて、ご飯も食べないという。ご夫婦がどんなに一生懸命になっているか伝わってきた。

何もできないけれど一緒にいたの

一週間後また、Hさんはデイサービスを再開した。マシントレーニングのあるところなので、休まないで行きたいと本人も言っていたのに、よっぽどねこに心奪われましたね…と言うと、

「そうなのよ、もう、家族みたいなもので心配で心配でしかたなかったのよ」

とご主人にねこを膝に置いてもらいながら話した。

Hさんは脳梗塞の後遺症で左片まひである。ねこを抱き上げることはできない。

「私自身、そう動ける体ではないから、何もできないけれどそばにいて声をかけてやりたいなあ…一緒にいてやりたいなあ…って思ったわけ。私が病気の時もいつも足元によって来て一緒にいてくれたからね、声をかけるだけでも違うって思うのよ、恩返しだわ」

「夫婦が交代で一緒にいたから、きっとねこも安心してくれた気がするんですよ。少しづつ食欲も出てきたし」

確かに、デイサービスに行っている場合ではなかった。

いぬのための散歩

Sさんは奥さんを亡くされてから一人暮らしを続けている。朝は毎日いぬと散歩した。いぬがいるから散歩に行き、いぬがいるから歩いた。飼い始めて17年、Sさんも85歳になる。いぬが先に衰弱してしまった。

息子さんが病院に連れていくとすぐに手術だったそうである。その結果両目を失ってしまって帰ってきた。しばらくはSさんの腕の中でぶるぶると震えてすごした。Sさんも散歩をやめてしまった。

今はいぬの世話だけ

生きようとする力は動物も人間も根源的に持って

いて、偉大なものであると思う。

Sさんのいぬはその後少しずつご飯を食べられるようになり室内を動き回るくらい元気になった。部屋の一角にいぬのためのスペースがある。そこにペット用のシートを敷くのはSさんの毎日の仕事。そしてSさんはデイサービスに行くことになった。

高齢になっても、動物たちとともに生きている人は大勢いる。もっと世話がしたいのに自分自身の体を動かすことで精いっぱいでもある。動物の世話をしやすくする「道具」が考えられてもいい。

みつめる木菟

「これステキでしょ！」と一人暮らしのMさんが見せてくださったのは日本画家横山大観の作品「木菟」の絵はがきだった。先日その作品が展示してある美術館に車いすで出かけたという。

木にとまった木菟がじっとこちらを見ている。見つめ返してしまうとその目に吸い込まれていきそうになる。ぼんやりとしたモノトーンの濃淡が美しく、忘れがたい姿である。

「本当にステキですね！」

「そうなの、横山大観のお庭にいつも来ていた木菟なんですってよ。きっと横山大観はいつも待っていたのよね。そして、ジーと見つめあっていた気がする。なんだか、これをみているといろんなことを想像できて楽しいのよ」

その絵葉書には英文で「ＯＷＬ」と書かれている。ふくろうかみみずくかわからないがこの鳥に大観もやすらぎをもらい筆を走らせた。その筆に私たちも癒される。

ともに生きている

「源氏物語」にもねこが登場する。

唐猫のたいそう小さくてかわいらしいのが、少し大きなねこに追いかけられて、御簾の端より走り出る。人々が驚いてうろうろと立ち騒ぐ気配で、衣ずれの音などが騒がしい。ねこは長い紐に結ばれていたのが物にひっかかり逃れようと引っ張っているうちに、御簾の端が大きく引き開けられてしまう。「若菜」の有名な一場面である。

人は、昔からいろんな生き物と暮らしてきている。どんな生き物もことばこそ交わさないが、心通わせることができる人間の昔からの友達に違いない。

ヒトという生物

ヒトが生まれて生きていくのは、「生きてみなさい」という特に理由のない生物の定めなのかもしれない。「生物」だから身体がだんだん老化することもあたりまえである。同時に精神的な変化が少しずつ起きる。そのこともあたりまえである。少しずつ衰えていくその身体と付き合っていく「気持ち」はなかなか想像しがたい。それは少しずつ少しずつの変化である。

思っていたよりきついです

Aさんは話す。

「兄弟も親戚ももういないの。両親は早くに亡くなったから、年をとるってことがどういうことかわからなかった。未知の世界だった。80歳過ぎても生きているなんて思わなかった。老後って思っていたよりきつい。毎日毎日頑張らないといけない。休み休みやっているけれどいやになっちゃうこともあるのよね」

夏が心配です

Sさんは言う。

「今年の夏も、また暑い日が続くのかしら。そうだととてもまいってしまう気がする。夏の間は暑い暑いと言いながらも過ごしてしまうけれど、そのあと涼しくなったときに、ぐっと疲れる。やる気がなくなってしまうの。去年もそうだったからね。ああ、年をとるってこういうことかな、と思う。だから今から油断しないように、無理しないようにと思っているの」

外は晴れ、中は曇り

ヘルパーさんの心配。

「Bさん宅はいつ行っても、カーテンは半開き、

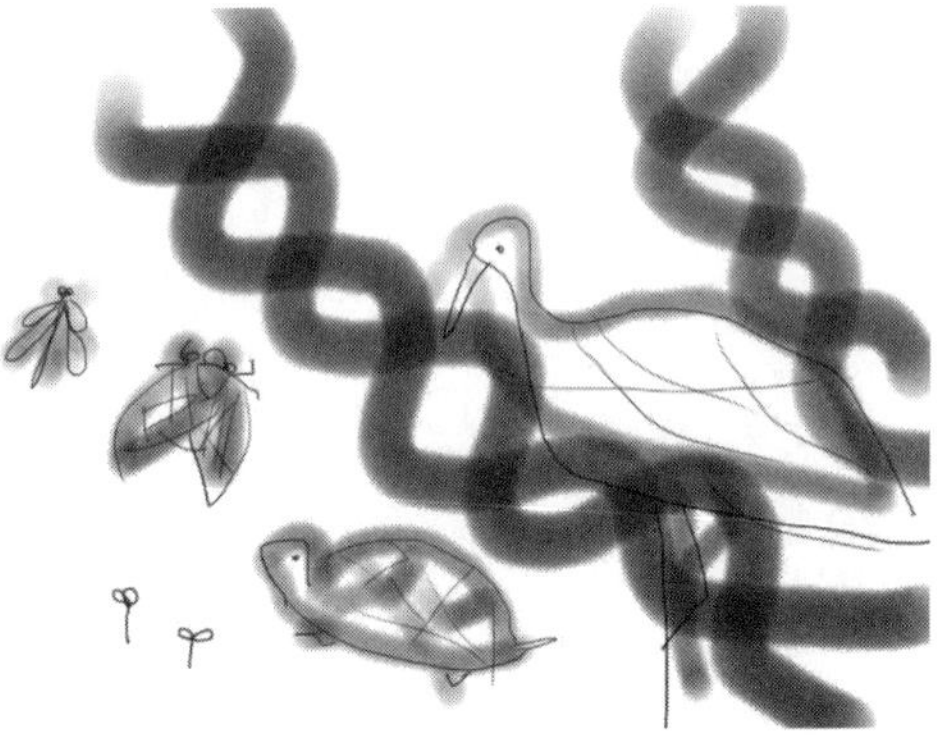

窓もめったに開けない様子。外がどんなに晴れて暑くなっていても、室内は薄暗い。こんな中で90歳のご夫婦ふたり大丈夫かしら…と心配になる。カーテンを開けて陽ざしを浴びるということも、窓を開けて風を入れることも、お好きだったのに。面倒くさくなってしまうのかしら。変わってしまった気がします」

起きていてほしいの

娘さんは言う。

「母は一日の中で、ベッドで横になる時間の方が起きている時間より多いのではないかと、そんな気がするんです。できるだけ起きていて欲しいし、散歩にも行って運動してほしいと思うんですよ。運動すること好きな人だったから。そうしないと、動けなくなっちゃう気がするんです。そのこともわかっていると思うのだけど」

赤ちゃんと反対なの

もう一人の娘さん。

「一歳の子が二歳になるって、急激な変化をみるじゃない。身体も言葉なんかも。ひとによって差はあるけれど、80歳を越える、90歳を越えるっていうのは、その逆の変化が起きている気がするの。がくんと体力が落ちていくような、がくんと精神的に弱気になるような。母を見ているとそう思うのよ。変わったなあって。以前はあんなこと言わなかったのにって」

80歳のだるさ、90歳の眠さ

年をとっていくことほど平等なことはない。だから、私たちもいずれ高齢になる。現在の高齢者の姿はまさに私たちの人生の延長線上にあると言っても言い過ぎではない。それは身体的なことだけでなく、精神的な変化も必ずあるのだと思う。そこへの想像力を持ちたい。

元気でいてとか、たまには運動をしてとか、若い人の希望はいろいろあるけれど、80歳の人には80歳にしかわからない、90歳の人には90歳の人にしかわからない、だるさや、眠さや、感触があるのだと思う。それをわかりたいと思う。

もしかしたら、今できていることを続けられるように、ずっと元気で過ごせるように、しっかり栄養が取れるように、という私たちの支援もほとんどお節介のように思えることもあるのかもしれない。でも、いつもにこやかに笑って受け入れてくれる高齢者とはなんと大きな人生の先輩たちなのだろう。だからこそ、うれしいことや楽しいことを何とか共有できたらと思う。生活の質は高齢者本人が選択していくことでもあり、それこそを支援したい。すべてを若い時と同じように、ではない。

だから…

だれもが、生きてみなければわからないことがたくさんあると思う。だから、単に高齢者の生活で「大丈夫なんだろうか」と私たちが勝手に思うことにも、確認してみることが重要で、そのことでわかることもたくさんあるのではないだろうか。

高齢の生活ということが、少なくともつらいとか寂しいものではなくて、喜びや笑いのあるものであるように「支援」ということを考えたい。

厚生労働省が出した平成21年簡易生命表によると、たとえば男の平均寿命は79・59年（過去最高）女の平均寿命は86・44年（過去最高）となっている。

私たちも、それほどの人生の時間を「生きてみなさい」と言われているのである。

親の老化、自分の老後

発達した交通網は、遠い実家を近くした。日帰りできる地域が増えた。日帰り交通機関で活動しているのは、ビジネスマンだけではない。親の介護や支援に向かう人たちがいる。親が子をケアするのは動物の世界のならわしであるが、子が親をケアする行為は「ヒト」にしか見られないという。

初めて聞いた話だった

今回、母から聞いた話は知らなかったなあ…とSさんは帰りの新幹線の中で思い起こしていた。

「当時、少し離れた地域に高女（当時の高等女学校）があってね。役場の人が学校に行くようにうちにも言いに来てくれたの。兄は、行ってもいいんじゃないかって言ってくれたけど、まだ、うちには弟がいて、弟にはちゃんと学校出てほしいと思っていたから、私は高女なんか行かなくてもいいって言ったのよ。そうしたら、近所にいた母の兄、おじさんがその話を聞きつけて、これからは女も勉強しないといけないって言いに来た。少しのことなら応援してくれるって言ったわけ。学校に行けたのはそのおじさんのおかげだと思う。私は早くに父が亡くなっていたから、学校なんか無理だと思っていた。弟もいたし」

「おじさんの子どもは弱かったのよ。奥さんも体が弱い人だった。だから、母はいつもおじさんの家に、おかずを届けていたの。そんな時代だったなあ…あの橋のふもとに大きな魚屋があってね、昼過ぎに魚のあらを安く買いに行って、野菜と上手に炊くの。鍋いっぱい。あれはおいしかったわ」

メールだけではわからない

Sさんは今年になってから月に一回、実家で一人暮らしをしている母のところに行く。Sさんの子どもたちも大きくなってご飯の心配もなくなった。新幹線は回数券を購入した。毎月来るよ、と母には言っていないが、やはり、見に行かないと気になることが増えた。

母には携帯電話のメール作成を教えた。ひらがなだけの時もあるがとりあえず、なんとか毎日メールはくる。これだけでも安心していた時もあった。

「みんな元気ですか。雨がふったりやんだりです。寒かったりあつかったり大変です。無理しないように気を付けてください。元気で頑張っています」

しかし今は、メールが来ないと、本当に気になるとSさんはいう。そして「元気です」と書いてあっても「本当に大丈夫なのか」と思うことが増えた。

父が亡くなってから、私もすぐに死ぬ…と言っていた母だったが、まだ介護保険の利用もせずに一人暮らしを続けている。しかし、85歳という年齢は、それなりの体の衰えと精神的な変化を確実に示しつつある。

離れていると募る心配

電話をすると、20回ほどコールしてやっと出る。部屋の広さや電話口までの動作を考えても時間がかかっている。膝がまた痛み出したのかなあ…と想像

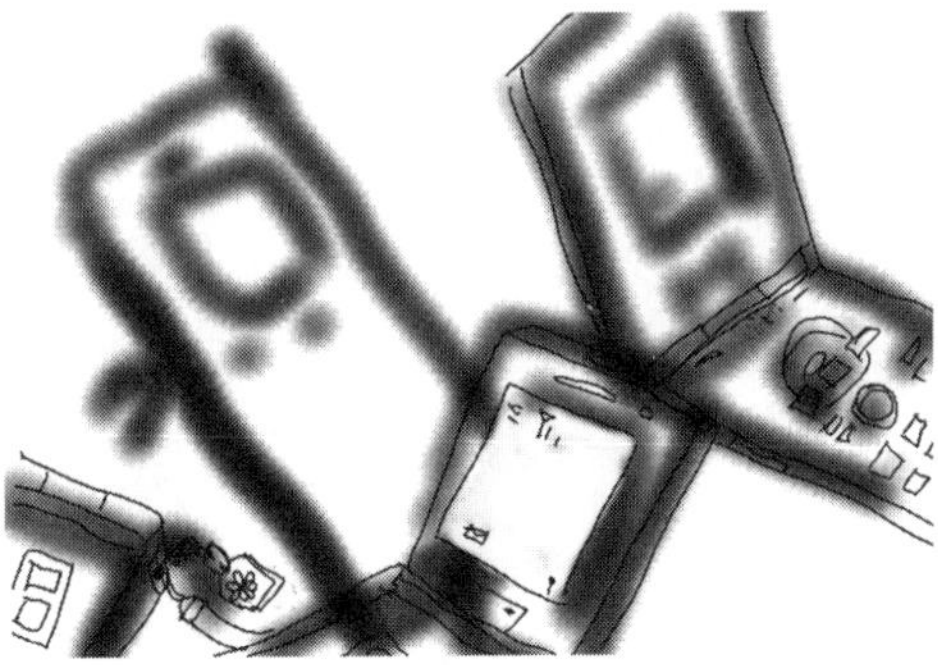

する。ということはお風呂には入れているのだろうか…買い物はいけるのだろうか…と謎解きのような想像が続く。

電話で話すと、同じことを何回も繰り返してしゃべる。それは聞いたよ、と何気なく言っても、また繰り返される。

離れて暮らすことで心配は募る。しかし、今まで暮らした家を離れてどこに行けるだろうか。それをこれから少しずつ考えていくためにも、Sさんは毎月新幹線に乗る。

親戚が家族だったころ

「中学生の頃ね、夜12時を過ぎてお茶の葉を撚ることもあった。その日にやらないとお茶にならないからね。兄や姉は結婚して家にいないから、私や母やおじさんたちやらで、一生懸命にやったわけ。できたお茶は兄や姉にも送ったの。もちろんおじさんたちや、おばさんたちとも分けた。てのひらがいたくなるくらい葉っぱをもんで撚っていく。だんだん眠くなるし、もう、いやだなあとも思った。でもねえ父がいない私たち5人兄弟が学校に行けたのはおじさんやおばさんや、年の離れたいとこたちが、何かにつけて面倒見てくれたおかげだと思う。母がいないと、おばさんちでご飯食べて、そのまま泊っちゃったこともあった。そういうことをなんでもなくやっていたからね」

この中学時代の話もSさんは聞いたことがなかった。こういう話が出てくることが回想法というのかしら、と思うくらい、生き生きと語っていた。

親の老化への共感

Sさんの話を聞くたび、無理しないようにね…と私は言うが、無理をしなけりゃ何もできないよ、と軽く返される。無理はあるけれど、そうしなければ気が済まない、という気持もあるのだという。ヒトがもつ「共感」は相手が親であっても変わらない。

だれもが親の老化を考えながら、自分の老後を考えはじめている。

福祉用具はしゃべらない

Gさんは突然の脳梗塞の後、リハビリ病院に転院し、右側にまひは残ってしまったがバランスよく杖で歩けるようになった。介護用ベッドの利用で起き上がりや立ち上がりも自分でできる。トイレも手すりがあれば何とか大丈夫。会話も不自由はない。

整えられた自宅

「デイサービスは、来週から月曜日と木曜日になりました。朝、八時四十分に迎えが来ますから、準備していてくださいね」

「わかったよ、朝は八時に妻が先に出るから大丈夫。月曜日からだね」

Gさんの奥さんはパーキンソン症状とともに軽い認知症もあって、ウィークデイの朝八時から夕方八時まで小規模多機能のデイサービスに通っている。二人暮らしだから、夜はGさんが不自由さを抱えつつも妻の介護も行っている。

住まいは、玄関先のスロープ、室内やトイレの手すりなど、片まひでも一人で動けるように環境が整えられている。ゆっくり焦らずに動けば今のところ問題はない。しかし、食事や洗濯や掃除など、家事全般についてはヘルパーさんに頼らざるを得ない。

確かに何とかなるかもしれない

「デイサービスはいつだっけ」

「月曜日と木曜日です」

「何時？」

「八時四十分です」

「さっき聞いたよね、よくわすれるなあ」

「手帳に書いてくださいよ、書いておけばそれを見たらいいのですから」

「そうだなあ。きいて教えてもらえるなら、それでいいんだけれど、誰もいないからね。でもヘルパーさんも来

るし、友達もいるから何とかなるよ」

ここにいようと思う

思いきってきいてみる。

「ここにずっと暮らせるかしら？」

「他にどこかあるってこと？」

「たとえばですが、ご夫婦で入れる施設とか」

「あまり考えたことはないよ」

「でも、こうやって奥様は自宅にいる時間の方が短いし、お二人で生活していくのは厳しくないですか。いろんなことで。たとえば食事ということだけでも」

「わかってるよ。でも、ここにいようと思う。もう少しの間は何とかなると思う。不自由なことはあるけれど、これ以上は悪くならないと思う。時間は自由だし、句会にもいける。もうしばらくは助けてよ」

「息子さんたちも心配しておられる、外出は十分気をつけていってくださいよ」

「わかってる、自分が一番わかっているよ」

二階に行きたいな

その日は、デイサービスの日程を知らせるだけと思って伺った。ちょうどGさんは古い友人からの宅急便を受け取ったところだった。ビリビリと外装を破いて、やっと中の箱が現れた。

「ここまでやるのに、一時間もかかった…不自由って本当に時間がかかる」

私は思わず手を出した。

「よくイライラせずにやりましたね」

「やればできるからね。時間かかるけど。でも、ちょっとイヤになってたところ。この段ボールたたんで玄関に置いてくれるかな」

「いいですよ」

「玄関まで手すりがあるから、一人でも行けるんだけどね」

「わかっていますよ」

「でもさあ、ひとりで行けてもひとりでできるだけじゃちょっとさみしいね」

「そんなこと…」

「二階にも行きたいんだ。二階までの手すりも付けたのに、息子がダメってさ…」

二階への階段には幼児用の柵が取り付けられていた。鍵もしてあった。

「二階に用事があるんですか」

「ないよ。行きたいの」

「そうですか、今はダメみたいですよ」

「今度息子と交渉するよ」

「応援しますよ」

黙する福祉用具

「デイサービスはいつだっけ」Gさんはまたきいた。

「月曜日と木曜日です」

「何時?」

「八時四十分です」

ベッドも手すりも黙っている。黙っているが24時間働いている。それがなければトイレにもいけない。立ち上がることもできない。こんなに頼りにしている。けれど、道具だから、話しかけても、きいても、返事はかえってこない。

地域ケア会議のゆくえ

地域包括ケアシステムという考えの中で、「地域ケア会議」が話題となることが多くなった。私の地域でも年に数回ある。地域を区切って行う「ミニ地域ケア会議」は数カ月に一回、開催通知がくる。介護保険制度の中の地域包括支援センターがその主体となって開催している。

いろんな人が集まる

私の地域では、介護保険関係のサービス事業者、民生委員、老人クラブの役員、民間の施設関係者、高齢者見守り訪問員、配食弁当の事業者、地域の資源となるいろんな人たちが集まっている。

ああ、あの方が5丁目の民生委員さんかぁ…あそこの角のふとんやさんのご主人だ。近くにはKさんのお宅があるけれど、知っているかしら…

Sさんのお宅でお会いする方は、高齢者見守り訪問員の方だったんだ。Sさんとは長いお付き合いのように話していたけれど…

顔も名前もなかなか覚えられないが、地域の「資源」の豊富さを感じる。

エアコンから熱風が…

ミニ地域ケア会議では、その時々の課題を話し合うことが多い。たとえば今年の夏なら「熱中症対策」。早速、配食弁当のサービス事業者が経験を話す。

「お弁当持っていくとき、必ず手渡しするんですよ。暑い部屋の中にクーラーもつけないでいる人も多くて、水分取ってくださいよって必ず言ってくるんです。この前なんか、エアコンから熱風が出てました。暖房になって

いるんです。高齢者にとってあのリモコンは使いにくいものなんですね」

「私はケアマネジャーなんですけどね、熱風が出てきた‼って電話もらって伺ったこともありましたよ。誰かが行かないとわけがわからないままに熱風の中にいるんですから」

「デイサービスでも、夕方送っていくときに、一人暮らしだと蒸し暑い部屋の中に送り届けるわけです。エアコン入れてくださいよ！って言うものの、いつも大丈夫かなあ…って心配です」

支援を必要としていない人の支援は難しい

民生委員さんたちにも苦労がある。

「一軒一軒訪問すると、気持ちよく話してくれる人と、迷惑そうな顔をする人と、それぞれですね。玄関先の様子を見るだけで、心配だなあ、と思うお宅もあります。でも、なかなかそれ以上にはいっていけない」

「その人に、ケアマネさんがいるかいないかだけでも、包括支援センターからおしえてもらうことはできないでしょうかねぇ」

「ちょっと何かの手助けがあれば、とかヘルパーさんに来てもらったらうまくいくのに、と思う人もいるけど、大丈夫です、今はまだいいです、って言われたら、それまでなんですよ」

おしゃべりはごちそうです…

地域の老人クラブの会長さんは、元気な高齢者の声を届けてくれる。

「元気で楽しく長生きしようって80歳の人も通ってきます。地域の集会所の一部屋はエアコンを効かせて涼しくしています。カラオケやったり、踊りをやったり、女の人たちは手芸もやったりしますが、なんて言ってもおしゃべり。出かけてきてその部屋でみんなで話す。それこそが楽しみです。高齢者にとって、おしゃべりこそごちそうなんですよ。こういう場に来て言えるのは、それだけかな…（笑）」

つながるということはどういうことだろうか

いろんな人が集まって、地域の困りごととか、一緒にできることは何かとか、今地域に足りないものは何なのかを、それぞれの立場で話す。そこに有力な解決方法はすぐには見つからない。

それでも、同じ地域の情報を交換することで、少しだけ地域の様子が広がって見えてくる。問題が解決する場ではないけれど、いくつもの問題が見えてくる場ではある。ミニ地域ケア会議はいつもそんなことを繰り返している。

この繰り返しが、何かの時に「つながる糸口」になるのかもしれない。あの時あんなことを話していた、あの人に聞いてみよう…と思うことがあるかもしれないし、そう思って電話をしたら、思いがけない展開があるのかもしれない。

つながることの基本は、私たちも「おしゃべりをごちそう」にすることではないだろうか、と思う。

人生はじぶんのもの

思い出したようにAさんにメールする。もしかして返事が来なかったらどうしよう…と思いながらも、数日すると返事がきた。「何とかやっています」と簡単だった。それでも元気そうな様子が見えた。

季節の変わり目にお見舞いに行った時、「月に二人くらいはいなくなるよ」と何気に言われた言葉に、どきんとした。今回のメールには、まだ返事がない。

筆談で始まった

Aさんは現在、郊外の病院の緩和ケア病棟にいる。今年の初めに入院したが長く持ちこたえている。口腔の病気で最終的に声を失った。しかし、その英断のおかげか病気を持ちつつ長く仕事をつづけることができた。

私が初めてお会いした時には80歳を越えていたが、まだ、仕事へのかかわりは多く出かけることも日常だった。筆談で会話した。

Aさんは小さなメモ帳に言葉を書いた。メモ帳はすぐにいっぱいになって、何回もページをめくった。普段の動作は不自由なく問題なかった。ただ、口腔の病気だったので普通にものを食べることができず、食品をミキサーにかけたものや栄養補助の流動食を流し込むようにして「食事」をしていた。

長い戦いを聞く

病気は還暦以前に始まり、何回もの手術を経て今まできた。教え子たちが作った還暦の記念冊子には、その闘病と研究報告と共につづられていた。戦いというよりは、どんな困難に会っても自分のやりたいことをやりたい、という強い意志が感じられた。病気があっても、報告書は明るかった。楽しそうだった。

声を失ってからのことを、とても後悔していた。コミュニケーション不足が人間関係を崩壊させていくような気がすると。再度の病気の広がりがわかったのはそんなころだった。しかし、その宣告はむしろその時が来たという感じでショックではなかったという。もう治療はせず、自宅で過ごすことを決めた。

胃ろうにするということ

訪問診療の医師をさがして、ゆっくりと自宅での生活を始めた。少しずつ体力は落ちていったが、気持ちだけはいつも明るかった。メモ帳はやめて、ｉＰａｄを使えるようになっていた。音声発生装置の組み入れを紹介すると、ちょっとした挨拶を発声させて周りの者たちを笑わせたりした。メールでのやり取りを活発に行い、研究者の集まりではプロジェクターに筆談画面を映して話した。

なかなか食事が入らなくなってきたころ、ご自分で「緩和ケア病棟」に行くことを決めた。あちこちのパンフレットをみせて状況を説明した。食事ができにくいならば、入院前に胃ろうを作っておいたほうがいい、という訪問医の提案も受け入れた。

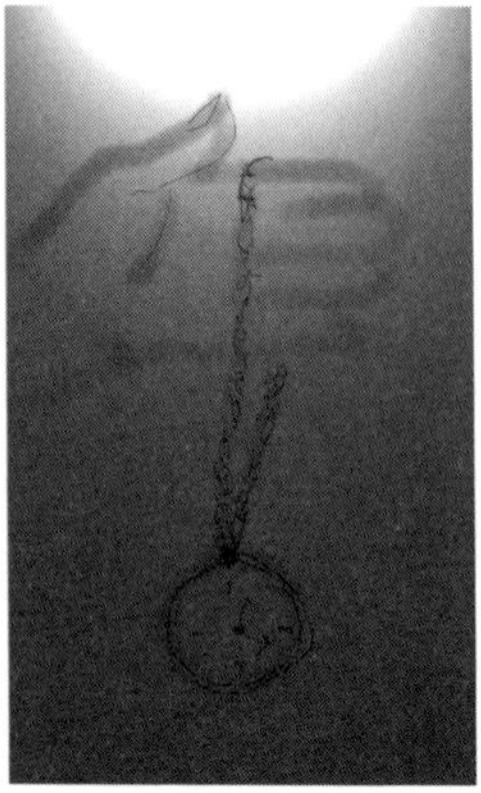

怒り

手術に行った大学病院では、治療はしないといっていたのに今ごろになって胃ろうを作るなんてどういうことなんだと冷たくあしらわれた。訪

問診療の医師が強力にバックアップしてくださった。娘さんは病院に対して怒っていた。そしてその時私にも

「介護保険なんて何の役に立つんですか。ベッドを借りれただけじゃないですか」と怒った。正直な気もちを感じた。

しばらくしてAさんからメールがきた。

「飲み物が口から入り難くなって、胃ろうから栄養をいれています。始めの予定より三カ月遅れましたが、胃ろうの手術をしておいて良かったとつくづく思っています。有難うございました。身体そのものは相変わらずで、胃ろうに時間を少し多く取られる以外は今迄と変わらぬ生活をしています。ご安心下さい。胃ろうに代わったご報告と、処置をしておいてよかったというお礼です。またメールします」と、胃ろうが活躍するのは、本当にしばらく先だった。

長い廊下

緩和病棟までは長い廊下があった。そして「こちらが本当の出口」とAさんが説明してくださった場所は駐車場に続く裏側の出入り口で間口が広くなだらかなスロープがあった。部屋からは桜の大木が何本も枝を張っているのが見える。ベラン

ダから外にすぐに出られるようになっていてベッドに寝ていても緑が見えた。

「本は持ってきてないのですか」

「いまはもう小さい字は見えにくいから、読まない」

「さびしくないですか」

「教え子からのメールを読んでいるのが楽しい。ひとりでいることには慣れているから…」

まだまだ…

娘さんにメールしてみた。少し様態は変化していた。しかし、「先日も、福島の新地地区の復興計画書にルーペで目を通してまだやる気だけは十分のようですよ」と教えてくださった。

ベッドのみのサービス利用ではあったけれど、ケアプランに書きつくせないケアマネジャーとの関係の継続を、少しうれしく思った。

手軽に買える車いす

杖をついてSさんはゆっくり歩く。膝が変形していて体が揺れるので、一歩一歩が不安定でもあるが、家の中でなら思い通りに動き、トイレもお風呂も今のところ大丈夫。しかし、長く立っていたり、長い距離を歩いたり、階段の昇降は難しい。だから、台所のシンクの前には高めの丸椅子が置いてある。外出や通院は娘さんが付き添っている。

見に来てください

「今年は車いすで行くことにしたんですよ。一緒に行く娘たちが、お母さんが杖で歩いていくのに付き添っていくのは、転んだらどうしようってとっても不安だと言うから。そうしたら、あっという間に車いすが届いたの。インターネットでの注文だって言ってたわ。だから、ちょっと見に来てくださいよ」

うーん、買う前にちょっとでいいから相談してほしかったなあ…どんなものを買ったのかなあ…と思った。Sさんは介護保険の更新をご自身の判断で行わなかったから、今は特定の相談先もない。私は少し前の「要支援」だった時のかかわりである。

実家のお墓参りに行くことは聞いていた。その時お友達と会うことも楽しみにしていると言っていた。実家は新幹線に乗っていくのだが、まずは東京駅までも大変だろうと思われた。

買ってしまう家族

要介護1や要支援の方たちは、ご自分でなんとか「歩ける方たち」で、介護保険では車いすの貸与サービスの利用は制限されている。しかし、この方たちがいったん外に出て、公共交通機関を利用したり、普通に旅行したりするときに、車いすが必要となることは意外と多い。

そのたびに公的な機関から借りてもいいのだが、借りに行く家族の手間もままならない。というわけで、家族は買ってしまう。それもインターネットで手軽に。

わっ、簡単ですね

「ちょっと大きめですね」と思わず言ってしまったが、娘さんは「大きいほうが座りやすいかな、と思って」となんでもなく話した。「大きいけれどタクシーに乗せられるでしょうか」ときくので「こうやってたたんで、ハンドル部分を折るともっとコンパクトになるんですよ」と車いすをたたんだ。

「わぁ、すごいですね、簡単にできるんだぁ…」とびっくりされた。

インターネットでの車いすの情報を家族がどれほど理解できるだろうか、基本的なサイズや仕様や使い方が示されてはいるがなかなか難しいことである。

「安かったんですよ、だから母のために買ってしまおうと思って」

「自宅にあれば、美術館に行く時だって持っていけるし、近くに通院の時にもお天気さえよければ、これで行けそう」

「行った先で杖で歩くこともできるのだから、母を目的地まで安全に運ぶという移動の手段だけです。一緒に行く私たちもこのほうが安心なんです」

そんな会話を聞いていると、単に安いからではなく車いすの購入が、安心して出かける機会を広げているようでなんだかうれしい気がした。

購入という一つの手段

駅のホームで電車を待つ時、歩くことはできても長く立っていることができない方たちがいる。人通りの多い道や通路などで、たとえ歩くことができても行きかう人の勢いに巻き込まれたり、倒れそうになる人たちもいる。

要支援や要介護1の状態の人でも、車いすがあるといいなあ…という場面が生活の中にある。要支援とか、要介護とかそういうランク付けできっちりと区切ってしまえないのが人の生活なのである。介護保険がどうのこうのではなく、必要な時に必要なものが使える仕組みをずっと考えていた。

「購入する」ということも、その一つかもしれないと今回実感した。

でも、いいのかなあ…

車いすの背もたれの裏にあるポケットに小さなスパナと六角レンチが入っていた。

「こんなところに入っていたんだわ！」と娘さんが取り出した。

「でも、これ何に使うのかしら？」

「取扱説明書ありましたか？」

「あったような気もする…」

「何もないと思うけど、機械的なことで困ったら、近くの自転車屋さんに相談するのも一つの手ですね」と私は言った。

やはり…

「新幹線に乗る場合には、切符を買う時に車いすを使っているって言えばいいのかしら…」

「座席シートに座り替えたら、車いすはどこに置いたらいいの」

「飛行機でも乗せてもらえるかしら…」

いざとなると、いろんなことに疑問が出る。やはり高齢者にとっては、車いすとケアマネ、あるいは福祉用具専門相談員のセットの方がお勧めである。

片手の一分ローズ

正方形の折り紙で、あっという間にバラの花を作ることができる。規則正しい折り目をつけると、自然とバラの花が立体化してくる。教えていただいて作ってみた時は、10分はかかってしまったが、わかってくると、本当にあっという間に出来上がった。

折り紙でつくるバラの花

「今度はバラを教えてあげるわね」と言われた時、「バラの花ですか？」と半信半疑だった。しかし、やはりバラの花だった。

「川崎さんって人がつくりだしたのよ。本当にバラが出来上がるの。世界的にも川崎ローズは有名よ。でもなかなか難しいから、その前に簡易版。一分でできるものを教えるわね」

最初は独楽

バラの花に至る前に、私はSさんからいくつかの折り紙を教えてもらっていた。「ほら、おもしろいでしょ!」と最初に見せていただいたのは「独楽」だった。「これ回るのかしら」と不思議な感じだったがひねるとよく回る。三枚の折り紙で作った三つのものを重ねてはめていく。折り紙の色の工夫をすると回った時に色が混ざるのできれいである。

「誰が考えたのかしらね。よく考えたものだわ。三つを重ねていくことで、自然に独楽の軸ができるのよね」といつもSさんと感心する。

しっかり折るのよ!

新聞紙を持ってきなさい、と言われた。

「全面広告みたいなところがおもしろいわ

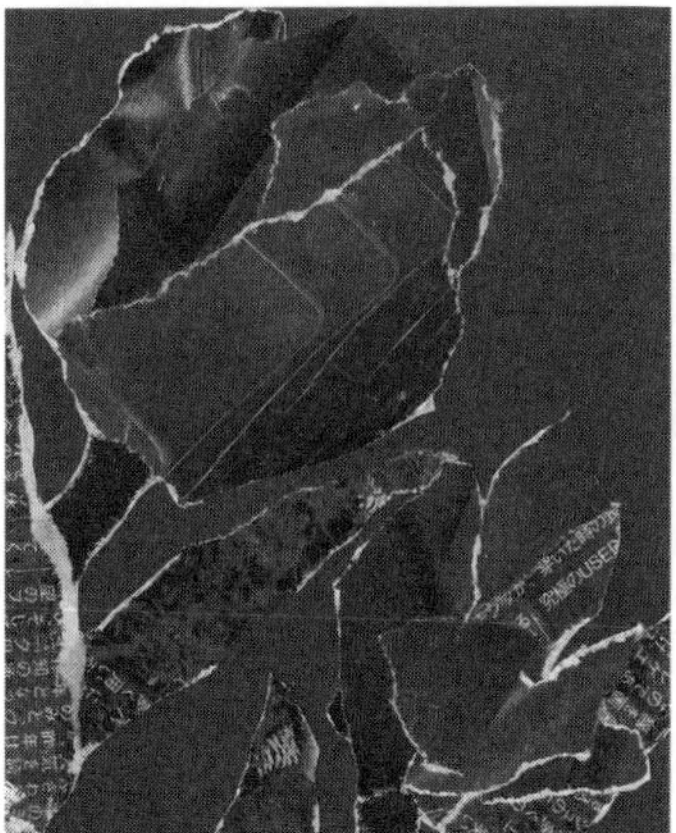

よ」ということで、折り込んでいって仕上がったのはお札とカードが入る二つ折りの財布だった。大きな新聞紙をばさばさいわせながら折っていった。

「しっかり折り目をつけて。ここできちんと折らないと、仕上がりが合わなくなるから、しっかり折って」

定規を出して折り目を何度もこすった。

「英字新聞なんかでやるともっと素敵よ」と話した。

「簡単だから、やってみて」ということで、言う通りに折っていったものもある。クリスマスのツリーが出来上がった。途中に少しハサミで切りこみを入れる。その後にツリーのてっぺんに星型が開く。「あっ、すごい」と思う瞬間である。

「あなたはなかなか器用ね、はさみがうまいわ」とその時初めてほめられた。

片手で折る

バラの花は難しかった。簡易版の作り方はコピーをいただいたができなかった。

「ここからはダイナミックに丸めていくのよ、自然に折り目どおりに出来ていくはずだから」という。その曖昧さがいつもとちょっと違うなと思った。

しかし、Sさんの手の中で、丸めながらバラの花びらが少しずつできていった。

右手に折り紙の一片をつかませて、左手で紙を寄せていた。何回も右手の指に紙を挟ませ、左手を動かした。

Sさんは右片まひである。片手で折り紙を折っている。効かない右手はいつも少しだけ押えたりつかんだり、左手を助ける小さな役目をする。

「片手で折れるなんて思ってもみなかったけれど、昔やったことを思いだしながら出来たのよね。やろうと思えば何とかなるものだわ」

一分ローズ

それから私は特訓した。しっかり折るのよ、折り目が大事よ、というそのことばの通り紙に折り目がしっかりついていれば、自然とバラがつくりあがっていくことがわかった。しかし、「丸めていく」のは無理があると思った。説明書をもう一度読む。

出来るようになったからこそわかるのであるが、そこは丸めるのではなく、両手の親指と人差指とで折り紙の山おりの部分をつまみながら立体化させていくところだったのである。その立体化が最終的には折り紙を花びらのように丸めこんでいくことになる。

これを片手でやろうとしたんだなあ、と思った。その苦心の方法に頭が下がった。

独楽を思い出す

Sさんは日常的に車いすを利用している。車いすはSさんにあわせたものをレンタルしている。しかし、デイサービスでは自宅の車いすを持ちこまず、なぜか施設の車いすを使うことになっている。送迎の関係かもしれない。施設側の利便性で利用者が不利益を被っている気がする。大きめの車いすに、小柄なSさんが座っている。車いすを動かす動作がぎこちない。施設に準備された車いすでは適合がいいとは言えない。

残念な風景である。私はいつも独楽を思い出す。「三つがきちんと重ねられていくから、きれいにまわるのよ」

道具と道具を使う環境と、それを使う人との関係もそうであってほしい。

わからないけどきけない

「居宅」や「在宅」など、介護保険サービスには当たり前に使われていながら利用者にとって当たり前でない言葉がたくさんある。それは高齢者にとって当たり前でないだけでなく、一般市民にとっても当たり前ではないはずである。ひとつひとつの言葉をわからないけれどきけずにいる、そんな関係に私たちは気づいているだろうか。

たんざい、って何？

「たんざいって初めて聞きました…どんな字を書くのかしらって思いましたよ…」

「えっ、どこで聞きましたか」

「看護師さんだったかしら。ベッドからの立ち上がりの方法を聞いた時かな？」

「端座位って、ベッドに腰掛けた姿勢ですよ。足をおろして座った形です」

こんな感じ、と私はベッドの端に腰掛けて見せた。

「そうなのよね。動作を見たらなんとなくわかったけれど、聞いただけじゃわからなかったわ。難しいのね」

ききょ、って何？

「ききょ、って言葉も不思議だった。わかるようでわからない。起き上がりのことよね」

「そうですよ。起居は寝ている姿勢から、起き上がるまでのことです。その動きを起居動作と言ったりします。布団よりベッドのほうがその動作がしやすいです」

「そうよねえー。そういうことで、ベッドを入れてもらったのよね、言葉だけ聞いているとなかなか文字が浮かばないけれど」

「その都度、遠慮しないで聞いたらいいんですよ」

「でもねえ、口をはさめない雰囲気の時もある。やって

もらっているのに悪いな…とも思って」

いじょうは異常かと思った

「ベッドからのいじょうの時この立ち上がりのバーを上手に使って、と言われたけれど最初、移乗は異常かと思って本当はびっくりしていたの。笑い話みたいでしょ。そんなはずないと不思議だとは思っていたけどね。要するにベッド上でなにか異常が起きた時に、早く逃げるための手すりのことだと思ったわけ。ありえないわよね」

「そうだったんですか。自分の頭の中で、思いこんだ漢字がそのまま意味を持ってしまうと笑い話みたいなことも起きるんですね。でもわかってよかった」

「専門用語っていうのかしら。そういうのでしゃべってほしくないなって思った」

計画書や書類にでてくるたくさんのことば

しかし、それらの言葉は福祉用具のサービス計画書などで必ず見る。福祉用具のサービス計画書ばかりではない。初めて介護保険について説明を受けたり、サービス利用をしたりする時にも出てくる言葉かもしれない。わからない言葉がたくさんある。それなのに、利用者は説明を受けて同意のサインを求められると名前を書いてしまう。

施設利用時にも担当者から家族への説明がある。「内容でわからないことがありますか」とか、「質問があればおっしゃってください」と言われても質問がでることは家族でさえあまりない。たぶん質問までたどり着けない。

せいしきって何か聞けなかった

「せいしきって何でしょうかね。ヘルパーさんが〝せいしきしますか〟っていうけど、よくわからないから〝いいです〟って言ってしまったの」

「えっ、それはいつですか」

「この前、ちょっと風邪気味でお風呂をやめたときかな」

「清拭って、蒸したタオルで体を拭くことですよ。お風呂に入れないときには顔や背中や足を拭いてもらうと気持ちいいでしょ」

なあんだ、という顔が見えた。

「それは何？って聞いたらいいのに」

「忙しそうにしていたし、聞きづらかったのよ、それにいろいろ聞いたら時間かかりそうだったし」

介護サービスの特異性

たぶん介護サービスを利用する人のどこかには「遠慮」のようなものがある。少しくらいわからなくても、介護を受ける側なんだからとか、やってもらっているんだから、というような対等であることを主張できない関係性をいち早く感じているような気がする。

いろいろ言ってもやってもらわないと困るし、せっかく来てもらっているし、来てもらえなくなると困るし、施設にも入れなくなるのはもっと困る、というような高齢者やその家族特有の「遠慮」が、私たちの仕事の下敷きにあるように思う。

本来は決してそうであってはいけないはずだ。しかし、介護サービスを受ける側とサービスする側との間には、他のサービスと比べて「対等性」が築きにくいのを感じる。

私たちは困っている状況にある人たちへの支援を行っている。支援は同じ地平においておこなうことを、どんな場合にも肝に銘じて自覚していたいと思う。

施設ケアマネの悩み

特別養護老人ホーム「特養」と呼ばれる施設や、介護老人保健施設「老健」と呼ばれる施設などが介護保険の施設サービスのなかにある。その施設にもケアマネジャーがいて、入所している方たちのケアプランを作成している。

Kさんは施設のケアマネジャーの経験が長い。このごろKさんから福祉用具のことをよく聞かれる。

情報がうすい

「入所しているAさんの腰のあたりに床ずれができかかっているの、Aさん日中は起きて車いすなのに、どうしてかしら。そんなに寝てばかりいるわけじゃないのよ」

「ギャッチアップはするのかしら。したとき、身体がずれていないかしら?車いすで過ごす時間は長いの？クッションは敷いているの？」

と、私としてはいろいろ聞きたい。

「エアーマットではなく、今いいマットレスあるんですよね」

「そうね、寝ていて痛いなら、在宅だったら、エアーマットの前に床ずれ予防のマットレスを試してみたりしますよ」

「この施設のマットレスは私が来たときから入れ替えていないわね」

あるものを使う

施設で入所している方たちが使うマットレスが利用者に合わせたものでないことに私は驚く。在宅で生活する介護保険利用者は何と幸せなことだろう。マットレスも選択できるのだ。そのことをしみじみと感じた。

施設入所の方たちには、介護保険の福祉用具貸与のサービスがない。個別に何かが必要となった時には「購入」という手段しかない。しかしたとえば車いすでも、

自分用に購入して利用する方はほとんどいない。施設にあるものを使う。だから、身体にあっているとは言い難い。

福祉用具の担当者がいない

施設のケアプラン作成のプロセスも、在宅で生活している人たちのケアプラン作成のプロセスと同じである。マネジメントの手順は変わらないから、もちろんサービス担当者会議も行われる。施設内で担当の専門職を集めて行うので、カンファレンスと名前も変えて行われることもある。同施設内であるから時間調整や場所の設定などは行いやすい。

Kさんも、フロアーの看護職、介護職とはしょっちゅうやり取りするという。毎日が担当者会議と言っても言い過ぎではない。しかしここに「福祉用具担当者」がいない。Kさんは福祉用具について相談できる人がいない。

シャワーチェアの故障

施設でも入浴は毎日行われている。シャワーチェアは大活躍。大活躍だからこそ、ネジがゆるむ。たまにどこかが外れそうになるのを介護士が運良く見つける。

「週に一回でも誰かが点検したほうがいいよね」とKさんも言う。在宅のレンタル品ならば、三カ月か六カ月に一回の点検もモニタリングもある。そのシステムが施設にないのは、とても残念だと思う。

ブレーキつきの車いす

立ちあがると自動的にブレーキがかかる仕組みの車いすがある。利用者が立ち上がる際、車いすのブレーキをかけ忘れることは確かに多い。「ヒヤリ・ハット」の上位でもある。Kさんはこの車いすを知った時、認知症の傾向のある方にとっては普段の立ち上がり時の安全を守れそうな気がしていた。

が、介護職からの思わぬ反論にあった。

「施設内では、車いすは共有で使用していますから、すべてが自動ブレーキならばわかりやすいです。しかし、一台だけ、あるいは誰かの車いすだけが自動ブレーキとなると介護職にとっては反対に間違いのもとになります」

そもそも車いすは共有ではなく固有であってほしいが、大勢を見ている介護職の仕事の「効率」に負ける。

施設も生活の場であるから

一日中のありさまを見ている施設のケアマネジャーは、本人とよく話ができる。いろんな場面に出会う。この人、こんなこともできるんだ、こんな面もあるんだ、といくつも発見をする。少しずつの変化でケアプランの目標を書き換えていくこともある。

だからこそ、である。だからこそ、その人のその状態にあう「福祉用具」の利用が施設でもできると生活が変わるのではないか、とKさんは思っている。施設も生活の場である。在宅からの延長として、第二の自宅のような環境が必要である。今後すべての人が最期まで「在宅」ではないだろう。そのとき、マットレスやエアーマットや、車いすやクッションが「そこにあるもの」であてがわれるのはどう考えても納得しがたい。

施設の環境整備は建物だけの問題ではなく、そこに生活する人が利用する「用具」への配慮があってこその環境整備でもあると思う。それをどうやって実現していったらいいのか、早急に考えたい課題である。

施設で感じた障害者権利条約

今年一月二十日、日本政府は障害者の差別禁止や社会参加を促す国連の障害者権利条約を批准した。世界で141番目の批准である。

この批准までの5年間、障害者基本法を改正し、総合支援法・差別解消法の制定も行われた。制度を整えていく批准までの準備段階において、障害当事者が実質的なかかわりを持って参加したことも忘れてはならない。

あらためて書かれたこと

権利条約の条文は1条から50条まで、その内容がわかる条項のタイトルが付いている。たとえば、

第5条　平等及び無差別

第12条　法の前にひとしく認められる権利

第17条　個人をそのままの状態で保護すること
第19条　自立した生活及び地域社会への包容

人権に基づくごく当たり前の内容が改めて書かれていることに、今まで障害を持つ人たちがいかに「生きづらさ」の中にいたかを考えずにはいない。

受け皿ではなく地域をつくること

19条には、「居住地を選択し、どこで誰と生活するかを選択する機会を有すること」、「特定の生活施設で生活する義務を負わない」と記載されている。ある施設の研修でこの19条の話をした。「地域で生活する平等の権利を有する」という主旨であり、社会的な入院や、本人の意向を確認しない入所は認められない。しかし、だからといって、現在の入所者がすぐに地域に戻ることも出来ないだろう。よくいわれる地域での「受け皿」をつくるのではなく、障害を持った人を受け入れられる「地域」を私たちがつくっていかなくては…と。

それは、10年、20年を見据えた話でもある。

入所は差別ではない

研修を行った施設は盲重複障害の専門施設として、昭和32年に開設された伝統ある施設であった。職員の一人はアンケートに真摯な気持ちを寄せてくださった。

「入所して生活することを差別とは考えずに、施設での生活を、地域で暮らしているのと同じように変化があり、充実したものにしていく必要があると思います。見直しする必要はたくさんありますが、少しでも良い生活の場にしていきたいと思っています」

この施設の食堂やホールで、見えていなくてもおしゃべりが多くて、あんなに楽しそうな様子がみられる理由はこういう「職員」たちの資質にあるのだと思った。

やっぱり個室は大事

盲重複障害者施設では、入所している方たちのほとんどがここで一生を終える。そのために高齢者施設も近年併設してきた。平成になって増改築を繰り返しながら、現在すべての施設は「個室」が基本である。

長く働いてきた職員の方は、個室と聞いた時には驚いたそうだ。

「施設長が改築で個室化する、と言ったとき、えっそんなことしたらみんな部屋から出てこなくなるんじゃないか、と心配したんです。でも図面には各フロアーにみんなが集まる公園のような場所もあって、出来てみるとそこに自然と集まってくるんですよ。ひとりになるのも大事、みんなといるのも大事って思いました」

「若い障害者も多かったから、泣き場所が欲しいっていつも言われましたよ。誰だって泣きたいときはあるじゃないですか。相部屋じゃ思いっきり泣けない。トイレしか個室はない。自分の部屋があることは大事だったんです」

トイレを知られないこと

その施設ではユニットケア方式による新型特養も増設している。

「ユニットケアって個室にトイレがあるわけでしょ。そうなると、それは全くの自宅なんですよ。要するに排泄について介助が必要か、必要でないか、自立しているかの情報もプライバシーとして守られるわけです。トイレ

を共用していると介助を見られてしまう。ホールでお茶を飲んでいても、それぞれの排泄が自立かどうかを知らないで談話することができる。どうってことないと思うかもしれませんが、よそいきの顔でみんなと話せるのは違うみたいですよ」なるほど、と思った。もうひとつの「在宅」、施設という名の「在宅」が見える気がした。

そのままでいい権利

障害者権利条約には、プライバシーの尊重（22条）も記されている。これは障害を持つ持たないにかかわらず、基本的な人権の尊重でもある。その第一歩は、やはり地域生活の保障であり、施設での個室であるように思った。

一日を一番長く過ごす場所が快適であること、そこで「その心身がそのままの状態で尊重される権利（17条）」が守られることは、「頑張る」ことを強制されないことでもある。

それは障害をまだ持たない私にとってもうれしいことだ。障害をすでに持つ人も、障害をまだ持たない人も、共に生きることが障害者権利条約の根幹にある。

求められているもの

ケアマネジャーを換えたいので相談したい、という問い合わせが年に一、二回ある。人づてに電話がかかってきたり、ご家族から直接に依頼があったりする。現状のお話しを聞きに行くと、それほどの失敗も問題も起こらずにケアプランは実施されている。が、だからこそ、問題があるような気がする。

私たちは初めてなんです

父親の相談ということでやってきたのは娘さんご夫婦だった。お父さんは85歳。お二人は落ち着いているようで、やはり興奮していた。

「私たちは、介護保険を使うのは初めてなんです。わからないことだらけで、ヘルパーさんって人が何をしてくれるかわからなかったんです」

「おむつ交換で入っていただいたのではないですか」

「そうかもしれない、でも、私たち家族がやってしまうことの方が多かったんですよ」

「じゃ、別のことをしていただくことになっていませんか」

「他のことを頼んでもいいんですか?」

せっかくのケアプランがうまく説明できていなかったんだろうなあ、と残念に思いながらしばらくお話を聞いた。

そんなに無理言ってますか

娘さんはお父さんの病状が落ち着いてきたので、歯医者さんにかかりたいと相談した。なかなか返事が来なかったという。インターネットでさがして、訪問してくれる歯医者さんに自分で電話した。

「私だって探せるのに、そんなに無理言ってますか。介護保険サービスではないけれど、探してもらいたかったです。でも、ケアマネさんの仕事の範囲を越えてしまっているのでしょうか。そうだったら、ケアマネさんには何をどこまで頼めるんでしょうか」

確かに、どこまで頼んでよいのか、どこまで話していいのか、私たちの知らないところで、たぶんご家族はいつでも悩み続けているのかもしれない。

情報を聞きたいんです

「無理なことを頼んでいるのなら、できないって言ってくれていいんです。私たちもケアマネさんが何でもかんでもできるわけじゃないと思う。でもそのための情報をいただいて、どこに行けばいいのかわかれば、家族でやれることもあるんです」

しっかりとしたご家族だった。自分たちの役割も自覚しようとしていたし、最終的に決めるのは、本人と家族であることもわかっていて情報が欲しかったのだと思う。

ケアマネジャーは何でもやってくれる人ではないが、必要としていることに地域の情報を届けることは重要な職務である。

介護って楽じゃない

「よくやってもらっているのよね。ヘルパーさんやデイサービスも紹介してもらっていろんな人のお世話になることになった。デイサービスに行く初めての日は家族も本人もすごく緊張した。お迎えの車が来て玄関まで出て、行きたくないって言われた時はなんだか悲しかった。でも慣れたかな。ショートステイも大丈夫かなあ…なんて思いながらやってきた。ケアマネさんはいつも忙しそうだからゆっくり話すのは悪いかしらって思ってしまう。でも、ひとりで考えていて不安になったりすると、父にとってこれでいいのかなと思ったりする。それってつらいんですよ。介護って楽なものじゃないわよね」

黙って聞いていた。普通に暮らしている市民の誰もが自分自身のことであったり、親が高齢化して突然「介護保険」の制度利用にぶつかる。みんな初めてである。切羽詰まった現実を前にして、よくわからないままにサービスは開始され、いろんな人たちが家の中に入ってくる。静かだった家の中でそういう生活に慣れること自体も必死なのである。

そのプロセスに立ち合っていくケアマネジャーの役割を改めて考えずにはいなかった。

求められているもの

「よくやってもらっているんだけれどね…」

の言葉の後に続く気持ちは何だろうか。誤解を恐れずに言うならば、ケアマネジャーにとって大事なことは、サービスの調達ではなく、その前に充分な「相談」ができることだ…と私は感じている。

ケアマネジャーは本人や家族の意向のもとに、必要なサービスの手配をし、サービスを采配する力を持つ。それは大きな役割である。が、その采配力自体がすでに本人家族と同等ではない立場にあることをまず、肝に銘じるべきである。采配力だけで仕事をしてしまってはならないのだ。

何でもないようなことかもしれないが相談は大切なことであり、専門性の高いことである。それは本人や家族が安心できることであり、希望する生活を支援するための話し合いが本音でできることでもある。求められているのはそういうことではないだろうか。そして、それこそが私たちに試されている「力量」なのかもしれない。

ふくしようぐって言うんだ…

Hさんは学校の先生だったから、今でも毎日「勉強」する。愛用してきた机といすを使っていて、その周りには本がいっぱい。本箱に入りきらずに床にも積み上げている。その上雑誌も届くし、机の上は書類の紙がいっぱい。

そのHさんも今年90歳。同居している娘さんが強引に介護申請し、「要介護1」となった。たしかに、家の中でも歩くのが不安定で、あぶない。

助けてよ…

「しかたないよ。本の間をくぐって歩くようなものだから。ふらふらしちゃう時は何かにつかまればいいんだからね、平気だよ」Hさんはとてもお茶目である。

「そんなこと言ってるから、きのうも転んじゃったでしょ。転んでいつも助けを呼ぶでしょ」と娘さんが言う。

「しかたないでしょ。転んだら起き上がれないのだから。助けてよ」

「だからね、歩くときに何かあった方がいいと思うの」ということで、杖だの歩行器だのといろいろとみて、結果シルバーカーのような四輪車に決まった。

これは便利だね

「まず、部屋を片つけた方がよかったわね」と娘さん。

「いや、大丈夫。これは便利なんだ。通りにくい通路はちょっと幅をせばめるといい」

「ん？？」

とすかさずに福祉用具専門相談員が説明した。

「Hさん、この四輪車は幅をしっかりロックして使います。歩きながら幅を狭めたりして使うのは危険です」

「そうおぉ…この方が使いやすいんだけどね。で、これおいくらなの」

「150円です」

「150円、一日？」

「いいえ、一カ月です」

「ほんと、いいのぉ、悪いねえ、でも、これ便利だよね」

でも、バックができないんだ

「でも、知ってるかな…これ、バックできないんだよね」

「えっ…後ろに戻れないってことですか」

「そう、バックオーライってことができないわけ」

「方向変えればいいことでしょ、それにそんな必要ないでしょ！やっぱり部屋を片つければいいことなのですよ」とまた娘さんは怒る。

「バックなんて考えてみたことなかったです。バックできないなんて猫みたいですね」

と福祉用具専門相談員が言ってみんなで笑った。

「ふくしようぐ」って言うんだ

「お風呂は大丈夫かしら、つかまる所やいすがありますか」といいながら、カタログを一緒に見た。入浴のためのシャワーチェアやバスグリップやバスボードなど、Hさんは初めてみた様子だった。

「こんなものがあるんだねえ。びっくりだなあ」

「そうです、入浴のための福祉用具は種類がいろいろあります」

「へぇー、こういうのを福祉用具っていうんだ。知らなかったなあ」

「ぜひ試してみてほしいです。これらを使えば、ひとりでお風呂にも入れるのではないでしょうか」

「なんだか、おもしろそうだねぇ」

秘密を守れるかな…

Hさんは今、頸髄症による痛みもでて朝布団から起き上がれないという。ベッドを使ってみませんか、という話になった。

「要介護1の方は主治医がベッドの必要性を書いてくだされば、レンタルも可能です」

「えっ、K先生に書いてもらうの？ 恥ずかしい

なあ」

「何言ってるの。毎朝私を呼ぶより、ベッドを入れたらひとりで起きられるでしょ」

「じゃ、場所を確認させてください」と私と福祉用具専門相談員は立ち上がった。

「秘密をまもれるかなぁ…」とHさんはつぶやいた。

「守ります」と私たちは即座に答えた。

うーん確かに。本や衣類が散らかし放題のすごい部屋だった。

それでどうすればいいの

「やっぱりベッドあるといいなあ…」

「そうでしょう、手続きを始めましょうか」

「そうしてほしいなあ、K先生に電話するよ。書いてもらったらどうすればいいの」

「私に連絡ください、私が役所の手続きをしますから」

「悪いねえ、でもケアマネさんってそういう人なんだぁ。よろしくね」

90歳のHさんには、まだまだこれからいろいろ話をききたいなあ…と思っている。

千人の敵と千人の味方

「コジマさん、今動けないのよ、どうしたらいいかしら」

という突然の電話に私自身も動けなかった。訪問の最中だった。電話はSさんだった。私がSさんのご主人のケアマネジャーだったのは、もう何年も前のことである。

救急車を呼ぶから…

「いったい、どうしたの」と私は手短かに聞く。

「しりもちをついたみたい。そうしたらもう、立ち上がれないの。小島さんに電話する前に三階の人にかけたから、今来てもらってる。救急車を呼ぶつもり」

Sさんはいつもそうだが、しっかりしていた。公営住宅の二階に長く住んでいて、周りの人たちとは助けたり助けられたりのお互い様の関係だった。

「とりあえず、夕方携帯に電話ちょうだいよ」

とSさんは言った。

でもその日の夕方、携帯電話はつながらなかった。自宅の電話にも誰もでなかった。

次の日

たぶん、入院になったのだろうと思った。昼過ぎに電話がかかってきた。

「T病院に入院したの。圧迫骨折で一カ月はかかるみたい。一度話したいから来て」

と囁くように短い電話だった。電話の使用ができない病室から、こっそりかけてきた感じだった。

覚悟をきめたの

Sさんのご主人のケアマネジャーを長くさせていただいたから、Sさんのご家族のこと

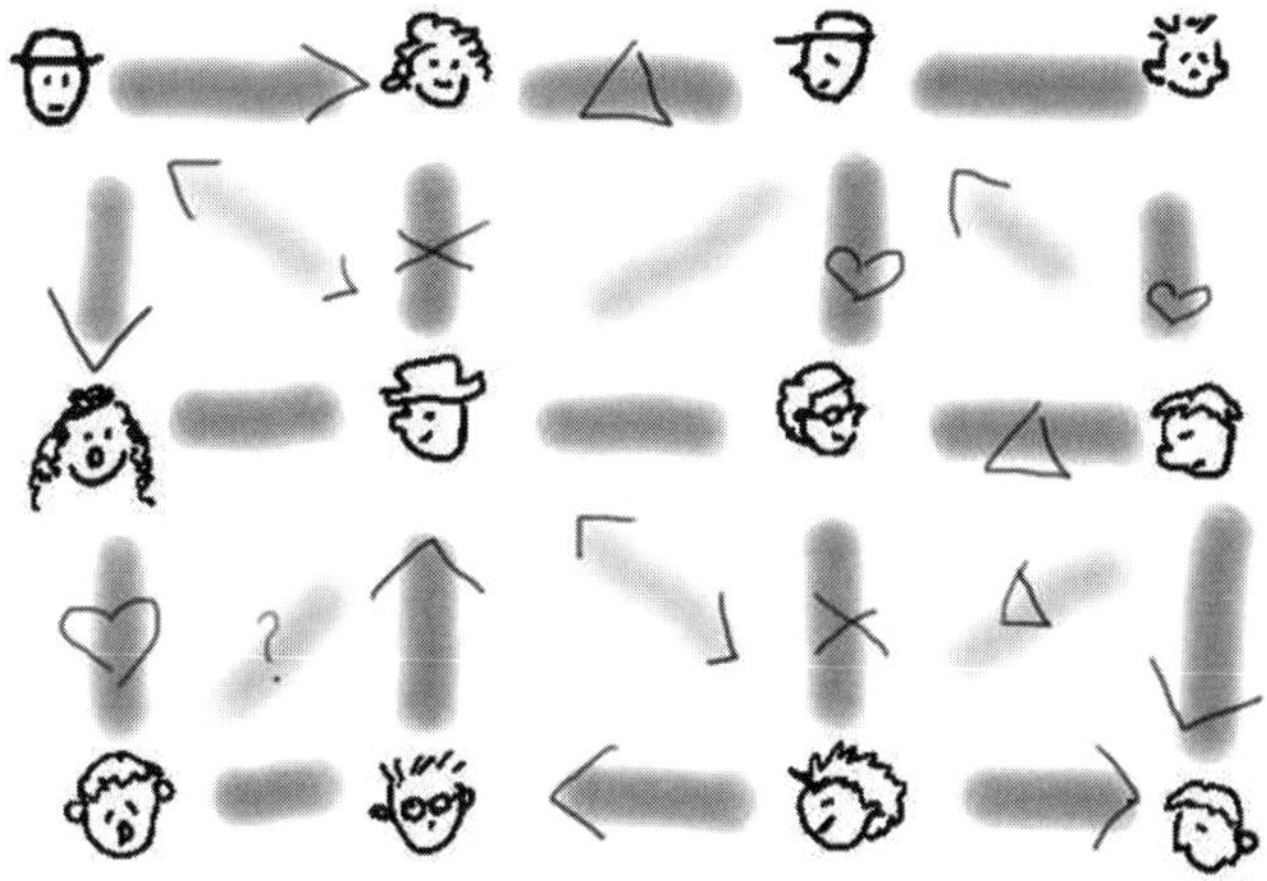

も知っていた。障害のある息子さんがいたはずである。私にはそのことも気になっていた。たぶんSさんも同じだったのではないだろうか。とにかく急いで病院に向かった。Sさんはベッドでじーっとしていた。

東北から妹さんが来てくれて、三階の友人も来てくれて、身の回りのことは整っていた。

「仕方ないね、骨折なんだから、今回はみんなにお世話になるしかないよ。その覚悟を決めたの。介護保険の手続きもお願いね！」

後見人はご飯の用意はしない

しばらくして、介護申請を代行したことを伝えに行った。

「ところで、息子さんのこと、心配なんだけど…」

「大丈夫。私もそのことが一番心配だった。でもね、後見人のHさんも来てくれて、日中は作業所に通って、帰ってきてご飯食べてシャワーして寝るくらいはできてるみたい。近所の人ものぞいてくれたり、おかず運んでくれたり、ほんと助けてもらっているの」

「よかったぁ」

「でも、聞いてよ。わけのわからない妹は、後見人は何でご飯作らないのか、って怒ってるわけ。ヘルパーさんじゃないって言ってるのにわかんないのよね、まったく…」

「しかたないですよ。なかなか普通の人にわかることでもないし」

タクシーで外出？ 怒り心頭

「ちょっと話したい」また、ひそひそ声で電話があった。訪ねるとその日は一気にしゃべった。

「退院したらベッドがいるってリハビリの先生が言うわけ。私もそう思うの。でもね、少し家具を整理して捨てないとベッドが部屋に入らないと思うのよ。それで、以前にもきいた高齢者の相談センターってところに電話したの。そうしたら、粗大ごみの資源巡回センターの連絡先は教えてくれたけど、退院前に見積もりに立ち会え、廃棄の時も立ち会えっていうわけ。今入院しているのにそれはないでしょ！そうしたら、タクシーで外出してくればいいと。できるわけないでしょ！まったくどういうことなの!!」

ということだったが外出なんかしたら、また、何が起こるかわからないからやめておくことになった。

そして退院

リハビリの先生は布団からの起き上がりや立ち上がりのやり方も訓練してくれた。Sさんはそれに少し自信を持ち、退院後しばらくは布団で寝ても大丈夫だと考えた。落ち着いてから家具を処分し、ベッドを考えればいいと。

そして、約5週間で退院した。退院日に、隣のうちにいつもボランティアで来ているMさんとばったり会った。

「本当にわるいんだけど、タンス動かしてもらえる？」

「いいっすよ」

というわけで、ベッドスペースがなんとなく出来上がった。

千人の敵と千人の味方

事故のような骨折から始まって、いろいろあった5週間だったとSさんは自分のベッドに横になりながらしみじみ言った。

「小島さんには話してないこともたくさんあるんだけれど、本当にいろんな人がいろんなことを言って、どれもこれもありがたいようで迷惑なようで、腹が立ってもじっと我慢の5週間だった。でもねえ、千人の敵がいたら千人の味方がいるっていうけど、こういうことなんだなあ、って思ったの。息子も何の事故もなく過ごせたようだし、ぜいたくは言えないけどね」

千人の敵と千人の味方、なるほどなあ、誰もがその中で毎日を生きていると感じた。

いちばんいい「笑顔」をつくる

いつも笑顔で、と誰もが思っているし、だれもが心がけている。どんな仕事でも、いつも怒った顔で！というスローガンはないだろう。

笑顔は大切である、ならば、私たちは人に会う時の「笑顔」という大きな感情の練習を毎日しているだろうか…最高の笑顔は、そう簡単にできるものではない。

初めてのショートステイ

「どうでしたか」と恐る恐る電話をしてみた。たった一泊二日だけど、初めてDさんがショートステイを試して帰った日の夕方だった。

「大丈夫、夜はよく寝ていましたよ。朝までぐっすり。朝ご飯食べて、施設の人にありがとう、なんて挨拶して帰っていきましたよ」とスタッフは教えてくれた。娘さんも「うそみたいです」と話していた。Dさんがショートステイを利用できるなんて、外泊ができるなんて。今までのようすを知る家族は信じられない様子だった。

テレビが壊れた日

少し前、正確には一カ月前まで、Dさんは夜は寝なかった。あちこち音を立て、扉をたたいた。テレビに追突して画面を割った。障子は紙を破いただけでなく、格子に組んだ木の枠も破壊してしまった。大暴れの毎日だった。夜は寝ないが昼間寝ているので家族とは全く反対。いったい何が起きたのか、娘さんにも何が何だかわからなかった。かわいがっていたお孫さんも、Dさんのことが恐くて近づけなくなってしまった。

鍵をかけた

「私たちも仕事があるし、一緒に昼夜逆転しているわけにはいかないから、夜は寝たいんです」と娘さんはDさんの部屋にカギをかけた。そんなことがいいことだとは決して思わないけれど、もう、家族が共倒れにならずに生きていくにはそれしかなかったという。

部屋の中でDさんは暴れまくった。いろんな音が聞こえてきた。家族はみんな耳をふさぎながら、本当は悲しくて悲しくてどうしていいかわからなかったという。

「探さなくていい！」

そんなある日、鍵の開いているすきにDさんが外に出て行ってしまった。すぐに探さないと…一体どこにいったんだろう…ひとりでは危ない…電車やバスに乗ってしまうんじゃないか…川に落ちでしまうのではないか…と家族の全員が必死に外を走り回った。Dさんの孫娘は泣きながら探し続けた。

なかなか見つからず、みんな疲れ果て

ていた。その時娘さんが言った。

「もう、探さなくていい……」

限界

いまでも、娘さんは時々その話をする。

「もう、限界だったのよね。探さなくていいって言った瞬間に、そうしたらどうなるかすするとわかって、自分が本当に嫌になった。いつの間にか、親と子との立場が逆転していたんです。虐待ってそういう時に起こるのだと思う。虐待する側もかなり限界になっているんです」

「つらかったんだよね」と言うと、黙ってうなずいた。

「楽しかったよ」を聞いた日

Dさんは薬の調整をすることで、少しずつ安定を取り戻していった。そして、何回かショートステイを体験した。

ショートステイのあとにいつも、「どうでしたか」ときくと、「たのしかったよぉ」とにこにこして話した。

「家にいても、だれも相手をしてあげられないから、ほっておかれるより、周りに人がいるショートステイは楽しいし、さみしくないんだと思うんですよ。私たちもやっとほっとした気持ちです」と娘さんはいう。

一番の笑顔でいくの

いま、Dさん部屋に朝一番に行くのは娘さんである。「おはよう！って大きな声で、一番いい笑顔でいくんです。そうするとね、いままでは何も言わないことが多かったけれど、おはようって言葉が返ってくるようになったんです」

一番の笑顔ってどんなの、と聞いてみた。

「朝ね、鏡の前で笑ってみるんですよ。自分が一番大事に思う人や、一番大切にしたい人や、大好きな孫のことを思いながらにっこり笑ってみるんです。その時一番いいなって顔が見つかる、その顔を自分で大切に覚えておくのです」

単に笑えばいいのではない。一番すてきな笑顔をつくる。心やさしい人はその笑顔をつくりだす努力を毎日続けている。

娘たちの介護　罪悪感

何回かヘルパーさんを交代した理由は、結局Ｐさんが「あの人はやり方が乱暴なの」と話したり「いつも叱られているような気になるの」と言ったりしたことだった。そのことを娘さんがとても気にした。Ｐさんはひとり暮らし。娘さんはイタリアにいて、夏の間一カ月の休みを取って帰ってくる。その間にいろんな話し合いを重ねる。離れている娘さんの想いが詰まった一カ月が過ぎた。

尊厳ある個人として

ヘルパーさんの事業所を変更することになって担当者を連れて行った時、Ｐさんも娘さんも、こんどこそうまくやっていきたいな……こんどこそうまくいくといいなあ……という気持ちだったと思う。

今までの経過を確認して、ちょっとした考え方の違いがお互いの気持ちのすれ違いにもなるからサービス開始の今こそ娘さんは伝えたいと言って話し出した。

「やっていただくことは、母もひとり暮らしなのでプロフェッショナルとしての皆さんに任せます。でも、プロフェッショナルだからこそ、◯◯さぁ～んこんにちわぁ～というような子どもじみた挨拶は母にはしないでほしいんです。元気づけようという好意的な意図であっても伝わらないこともあります。どんな時にも母をひとりの尊厳ある個人としての◯◯さんとして対応してほしいと思っています」

Pさんが「ヘルパーさんは嫌い」と言った気持ちの理由を娘さんはしっかりと聞きとっていたのだと思う。

怒鳴ってしまった……

今回は、一週間の計画にデイサービスを増やすことが提案された。娘さんは積極的に見学に行った。「小島さん、本当にいろいろなのね、デイサービスもそこのスタッフ次第でこんなに違いが出るのね」としっかりとした「評価」をした。家にいるより、定期的に通所することのほうが心身を含めて生活にどれほど有効か娘さんはPさんに説明する。

「あたしはそんなところに行っても面白くないと思う」

「うちにいてはいけないの、ここはわたしのうちでしょ」

「別にそこに行っても行かなくても、身体が治るわけじゃないんだし……」

ネガティブな発言は続いた。娘さんは我慢も限界とで怒鳴ってしまったと話した。

「だって、わかろうとしないのだから……私だって母のことを考えるからこそ言っているのに」

手のひらを返したように

娘さんが出かけてPさんだけが家にいる日に訪問した。見学に行ったデイサービスの責任者にも来てもらった。

「Pさん、デイサービス見学してもらったけれど無理しなくていいんですよ。娘さんとけんかしたでしょ」

「まあね、あの子もきついところあるからね。でもねえ、心配かけられないからねぇ」

「家にずっといるほうがいいのかしら？」

「ううん、行こうと思う。行きますよ」

「えっ、本当に行きますか？ そうなら、金曜日にこちらの方がお迎えに来てくださるんです」
「僕がきますよ。安心してください。他のスタッフもPさんのこと待ってますからね」
「あらそう…悪いわねえ。じゃ、よろしくお願いしますね」
と、手のひらを返したかのように、あっという間にデイサービスの計画は決まった。

解放感と罪悪感と

長いようで短い一カ月が過ぎた。イタリアに帰る前日、娘さんはケアプランを眺めながら、

「しばらくはこれでお願いします」と言った。

「母のことは母が自分で決めるようにしたい、と思うのですが気がつくといつも私が決めてし

まっているような気もするんです。そのことにちょっと後ろめたさも感じるけれど、今回は母も了解してくれたと思っています。だから、これからデイサービスが母にとって楽しいかどうかを小島さんは見張っていてくださいね。日本を離れると具体的に動けないから母のことを何とかしないと…という気持ちから少しは解放されるのですが、反対にそれが罪悪感のように思われる時もあります」

「親を思う娘さんたちは、誰もが少なからずそのような感情の中を行ったり来たりしている気がします」と私は返事をした。

娘たちの介護

イタリアとまではいかなくとも、離れて暮らす母と娘は多い。母の高齢化と共に、娘は仕事と家庭と介護の両立を少なからず考え始める。どのように考えても離れていることでの不安は隠せず、かといって常にそばにいるわけにもいかない。そんな中での葛藤が長く続く。たぶんそれは息子も同じであろう。「罪悪感」はやさしさの裏がえしでもある。

ネット購入、ちょっと待って

Aさんはひとり暮らしなので、毎日3回のヘルパーさんが欠かせない。また、何もせずに一日過ごすのもつまらないからと、週3日デイサービスにも行く計画を立てた。デイサービスの送迎時にもヘルパーさんの介助が必要なので、要介護4のAさんのプランは限度額をオーバーしてしまった。限度額オーバー分の単位はいつも福祉用具が10割負担となってしまっている。

オーバープラン

Aさんは脳梗塞後遺症で左片まひではあるけれど、杖をつけばなんとか歩いてトイレまで行くことができる。しかし、思いがけず転んでしまって立ち上がれなくなったこともあり、それ以後は歩くときは誰かがいることが前提となっている。

そうなると、いまのところひとりでは移動できないことになる。ひとりでも動けるのだが、しばらくは安全を優先している。だからヘルパーさんが入る回数も増えている。

プランがオーバーした場合、単位単価の低い福祉用具貸与サービスにオーバー分の単位が割り振られることが多い。その単位数が10割負担となる。

10割の負担

オーバープランのために、Aさんもレンタルしている福祉用具が10割負担となっていた。

たとえば、車いすが一カ月のレンタルが500単位だったとすると1割負担ならば一カ月5百円の利用者負担であるが10割負担となると5千円、これを12カ月続けたら6万円。四点杖も300単位とすると、1割負担ならば一カ月3百円であるが、10割負担となると3千円、12カ月で3万6千円となる。

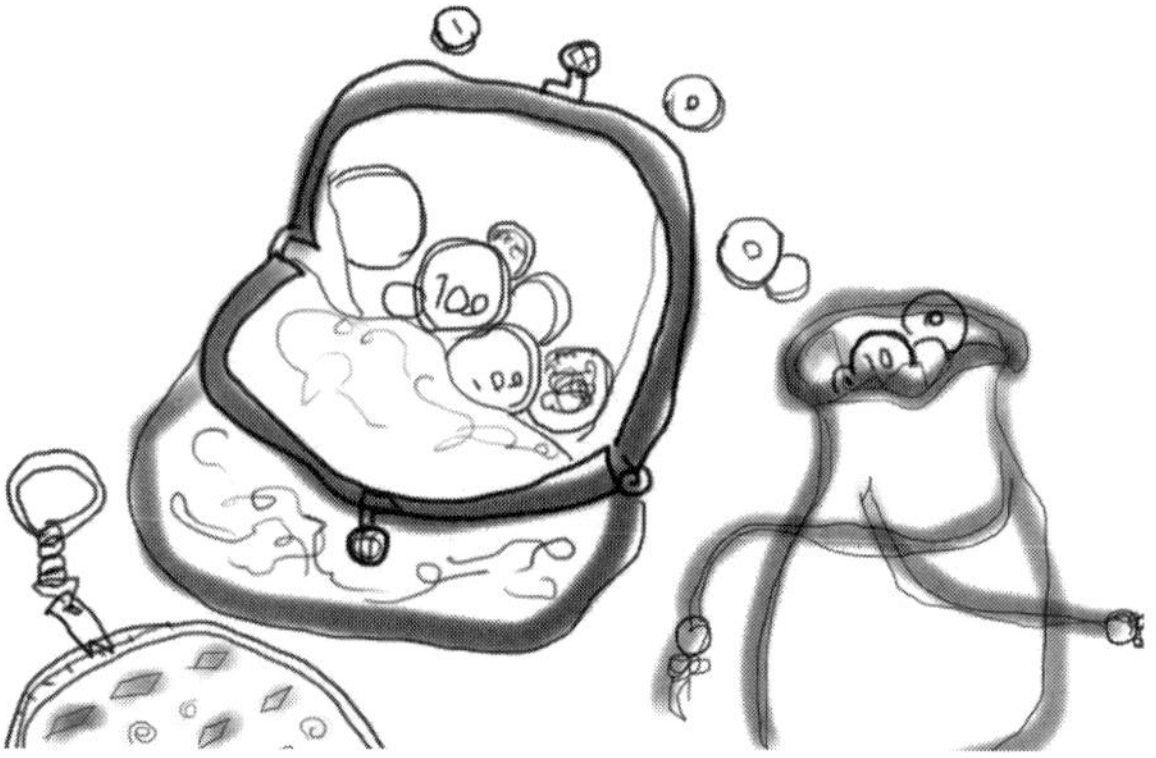

「こんなことを続けているより購入したほうがいい」と、この夏に海外から帰国したAさんの息子さんに言われた。

さっそくインターネット

息子さんは四点杖を、早速購入した。

「インターネットにまったく同じものがあったんですよ。おまけに、4千8百円。車安いからすぐに決めました。最初から買ったほうがよかったかもしれないです。車いすも買ってしまおうと思うんですがどうでしょうか」

と購入候補の車いすが二点メールに添付されて送られてきた。

確かにその二点の車いすは安かった。2万8千円。しかし、これでは…と思うことがいくつかあった。

購入を決めるのは家族の意志でもあるが、その前に十分な情報提供が必要なのではないかと福祉用具専門相談員に「相談」した。次のメールが共有された。

どちらがいい、ではなく

A様が挙げてくださいました一つ目の車いすですが、軽量であることは「持ち運び」には便利ですが「乗った状態で押す」ことを考えると逆に重く感じます。また、軽さを追求した結果前後輪も小さいので、押しづらさを増す要因となるかと思います。要は、「持ち運びのしやすさ」のみに特化した車いすといえます。

二つ目の車いすは、一つ目よりも更に簡易化された車いすです。「操作性」や「乗り心地」よりも、とにかく「新幹線の通路など狭いところも通れる」「軽自動車にも積める」ことを第一に考えて作られておりますので、重さを削れるところはすべて削っています。肘掛も1本の棒のようになっており、姿勢保持は難しいと思います。どちらも、仮にA様が「1日だけ新幹線で出かけるから車いすを用意したい」としたら目的に見合った車いすだと思います。しかし、今回はそうではないと思います。長くお使いいただくのであれば、ご本人様の姿勢保持が出来、介助する側も押しやすいことは大前提です。

購入する場合にもアドバイスが必要

Aさんの息子さんはとても喜んでいた。「なるほど…」と思ったという。すぐに買ってしまわないでよかった、と感謝していた。私もそう思った。福祉用具「専門」相談員を頼もしく思いさすがだと思った。しかし、経済的な負担はぬぐえないため、購入するならばどんな車いすをさがせばいいのかを息子さんはさっそく福祉用具専門相談員にたずねた。

福祉用具専門相談員は自社で推奨できる車いすの販売価格の見積もりを出した。やはりそれは高かったが、息子さんもその車いすならば納得できるということになり同じものをインターネットで探した。安いものがみつかって、購入した。

相談できることの重要性

インターネットは本当に便利な道具である。福祉用具もすぐに購入が可能で、買ったらこんなに安いのにレンタルする必要なんてないのでは…と誰もが思う。

しかし、レンタルであるからこそモニタリングや点検があり、福祉用具専門相談員による適切な選定もある。ネット購入を簡単に決めてはならない。福祉用具を利用するのは身体の不自由さゆえであり利用目的があるからこそである。福祉用具専門相談員は利用者にも家族にもそしてケアマネジャーにとっても「相談」ができる存在としてその役割を持っていてほしい。

娘たちの介護　心配

Ｆさんはマンションで暮らすお母さんに毎朝電話する。お母さんは85歳、マンションに一人暮らしである。そこが夫と暮らした自分のうちだから…とＦさんが同居しようといってもきかない。

毎朝電話して「おはよう」を言い、「元気でいる？」ときくと「だいじょうぶよ」と返事が返ってくる。

急いで駆け付けた

その朝は電話が鳴ってもお母さんが出てこなかった。何回か電話した。いったいどうしたんだろう…とＦさんの不安が大きく膨れ上がった。転んでいるのかもしれない、起き上がれないのかもしれない、もしかしたら布団の中で苦しいのかもしれない…。

職場に電話して少し遅れていくことを告げ、お母さんのマンションに行ってみた。ピンポーン、とチャイムを鳴らすと扉があいた。「あら、どうしたの?」と何でもないようにお母さんがでてきた。

その顔を見てほっとしたと同時に「どうして電話に出ないのよ!」とFさんは思わず怒鳴って泣いた。涙を流すFさんをお母さんがやさしく抱きしめたという。

いつもどこか母親である

聞こえなかったのよ…と何でもなく言われたそうだが、それからもおかしなことが続いた。

夕方電話した時に「あらっ、いつの間に帰ったの」といわれたこと。広島の原爆記念日の

朝、「飛行機が来るから殺されてしまう」と怖そうに伝えてきたこと。玄関にいすが置いてあって「このいすはどうしたの？」と聞くと「夜、誰かが勝手に入ってこないようにおいてあるのよ。昨日も誰かが外に立っていたのよ」と真面目に答えたこと。

それでも電話の最後にはいつも「ご飯は食べたの」、「今度はいつ来るの？」、「風邪ひかないようにね」と「母親」になっている。

思いがけない対応

何を言っても忘れている、話のつじつまがあわない、何かが見えているようだ、Fさんはお母さんを病院につれていった。いくつもの検査があり一カ月分の薬が出て、一カ月後にまた病院に行った。

「薬は飲んでいますか」と医師が言った。

「ええ、飲みましたよ」と完璧な嘘を平気でお母さんはいう。そして、続けて質問した。「あの先生、このごろよく忘れてしまうんです…これは病気ですか」

こんな質問をすることをFさんは不思議に思った。

「この前に来てもらった時、検査をしてきちんと説明しましたよね。脳がね、年を取って働かなくなっているところがあるんですよ、だからね、デイサービスってあるでしょ、デイサービス行ってください。元気な人たちと体を動かすといいです」

Fさんはあきれた。忘れてしまうことが多くなっているということを必死の思いで言っている母に、「一カ月前に説明したこと」と言ってもわかるはずもないだろう。どうしてそんな簡単なことがわからないのだろう。そしてこのめんどくさそうな言い方は何なのだろうか…。

「薬なんか飲まなくていいよ」とFさんは思わず言ったという。

忘れていく恐怖

覚えていたことが思い出せない、何かしてもすぐに忘れてしまう、失敗が多くなる、間違いが多くなる、そういう現実は本人にとってどんなに「恐怖」だろうか。今までと違う自分に「頭がおかしくなってしまった」という人もいる。足元がみるみる崩れて、立っていられなくなるような恐怖であるのかもしれない。

だからこそその時、だれか人が近くにいること、ただ、そばにいることがとても大事だと話す医師もいる。そうすればすこし寂しさや不安がやわらぐ。

支えるとは何か

デイサービスに楽しくいけたらそれでいい、しかし、デイサービスに興味を持たない人もいる。一人で過ごすことがさみしいとか退屈とか思わない人もいる。その個別性を尊重しなくて人権の尊重はない。

「一人暮らしは心配よ。何かあってもすぐにいけない。安全な場所で暮らすことを考えたほうがいいよ、一人でいないほうがいいよ」とFさんは何回もお母さんに言う。

「いいのよ、私はこうしていることのほうがいいの。一人で好きなようにしているし。やっとそういう時間が持てたような気もするし。何かあってもあなたのせいにはしないから大丈夫よ。安全な生活っていうのが幸せな生活ではないわ。これから少しずつ暖かくなるのだから、何とかやっていけるとおもう…」

「えっ、今何月か知っている？」

「…3月でしょ」

町にはクリスマスのイルミネーションがあちこちに輝いていた。天気予報では週末に寒波が来ると予報士が話している。ふぅー…とFさんは息を吐いた。

思いがけないくいちがい

ともに仕事をするケアチームの中で、えっ！と思うようなことも、まずいぞ！と思うようなこともたまに起きる。それを頭ごなしに怒ってしまっては元も子もない。互いが成長できるように、いかに伝えていくか、日々の課題でもある。

転んだみたいなんです…

夕方携帯が鳴った。Cさんの娘さんだった。

「母が緊急通報ボタンを押したそうで、連絡がありました。室内で転んだようです。私もこれから行きますが、小島さんいけますか？行けたら小島さんのほうが早いと思うんです。様子を見ないとわからないのですが、簡単に入院はしたくないと思って…」

「簡単に入院したくない」という娘さんの気持ちはよくわかった。とにかく行ってみることにした。もう、あたりは暗くなり始めていた。

問いかけるオペレータ

玄関が空いていたので不思議に思って室内に入ると、配食弁当の配達員さんがいた。Cさんはベッドから立ち上がろうとして足を滑らせてしりもちをついたようで、ちょっと苦しそうに寝そべっていて、「起こして…‼」としっかり言った。ベッド際にあった緊急通報のボタンを押したので、オペレータとの会話がつながっていた。

「ケアマネさんですか？救急車を手配しましたからまもなくそちらに到着します」

「えっ、どこか打ったの？」とCさんに聞くと

「滑っただけよ、早く起こして…」

「救急車来るって言ってるよ」

「そうなの。そういう風にしたいみたい」

とにかく起こして…

オペレータは通報したCさんとも話したが、そこにちょうど配達してきた配食弁

当の人とも話したらしい。様子を聞いて救急車手配となったようだった。オペレータは配食弁当の方にもよろしくといって会話を切った。

「とにかく起こしてよ、このままでは腰が痛いの」とまたCさんは言った。どこもいたくないか確認して「オッケー、じゃ起こすからね」とまずCさんを体操座りの姿勢にした。Cさんは片まひで、床に座った状態からベッドに持ち上げるには私一人では無理だった。

さわれないんです

「ごめんなさい、僕はさわれないんです。次があるから行きます。すみません」そう言って配食弁当の配達員の人は行ってしまった。

えっ、行っちゃうの、というのが私のその時の気持ちだった。救急隊が到着しCさんをベッドに座らせ、なんともないことを確認し帰って行った。娘さんも到着して、何でもなかったことを喜んだ。

とにかく入院にならなくてよかった、と三人でほっとした。

どうして帰っちゃったの

もちろん次の日、私は配食弁当の責任者に電話した。

「いつも配達だけじゃなくて、高齢者の生活を見守っていくことも心がけているって言ってたじゃないですかぁ！さわれないっていうなら、もし、高齢者が道で倒れていても起こしてあげないのね！そんなことないでしょう」

「申し訳なかったです。でも、彼はそんな奴じゃないです。よく聞いてみます」

「彼が手を貸してくれたらあの時ベッドに体を引き上げることができたと思うのです。ちょっと残念だった。でも、彼は礼儀正しかったし上手に聞いてほしい、言い方難しいかもしれないけれど。彼が状況を説明してくれたことをオペレータも感謝していたからね」

そうだったんだ

夕方、配食弁当の責任者から電話があった。

「小島さんほんとうにすみませんでした。彼もどうしていいのかすごく迷ったみたいで、余計なことをしてもいけないし、と思っていたら、オペレータがさわらないようにと言ったそうなんです。それで、なんにも出来なかったと」

「そうだったんだ。でも、私が行って、じゃ起こそう、というときにちょっと手伝ってくれてもよかったなあ…二人で一緒に確認しながらなら安心だった気もするけれど」

「それくらいはできたんじゃないかって僕も思うんですよ。だからね、オペレータに言われたことを守ったことはいいけれど、現場をよく見てケアマネさんを手伝えたら満点だったかなぁ、って言っときました。そうしたら彼も今度からそうします！って笑ってました」

よかったよかった、と私は思った。Cさんも無事だったし、配食弁当の責任者の言葉も上手な言い方をしたなあ、と思った。

人を育てていくのは、ほんとうにむずかしい。日々の細かな対応と、配慮あることばがけがいる。

ひとり暮らしの夕暮れ

私の地域では、冬だと夕方の四時半に、夏場だと五時半に地域に鐘の音のような音楽が流れる。外で遊んでいる子どもたちにうちに帰る時間だと教えている。それはチャイムのような音で、少しもの悲しさを感じさせるメロディでもあるが、私たちもその音を聞くと夕暮れを感じて日が長くなったとか、短くなったとか話したりする。

夕焼け小焼けのメロディ

この夕方の音楽はどうも各地にあるらしい。防災行政無線として定時に放送が流れる仕組みである。

まわりの地域で聞くと曲目は、「ふるさと」であったり「七つの子」であったりもするが、地方の人に聞くと「のばら」であったり「遠き山に陽は落ちて」であったりしていろいろあることに驚く。そして、誰もの記憶に残っていることに驚く。どちらにしても夕方子どもたちに、もうおうちに帰りましょう、と伝えている。ちなみに私の地域は夕焼け小焼けのメロディである。少し前までは、「よいこの皆さん、四時半になりました。おうちに帰りましょう。区民の皆さん、遊んでいる子どもたちがいたら一声かけてあげてください」というアナウンスもついていた。

防災行政無線の活躍

よく考えてみると、夕方のメロディだけではなく防災行政無線は活躍している。夏になると「光化学スモッグ注意報が発令されました」と放送がある。蒸し暑い夕方に「解除されました」とまた流れる。

友人の田舎では行方不明の高齢者、要するに出歩いてしまって行き先がわからなくなった認知症の方たちの知らせを乞う放送もあるという。服装や容姿を簡単に伝えて身近にいないか確認する。

もちろん、東日本大震災の時にも活躍している。選挙の時にも、投票を促す放送が流れる。思えばかなり身近に感じられる放送である。

薄暗くなっていく時間

夕方の音楽は、夏も冬も薄暗くなっていくころに聞こえてくる。

「この音楽が聞こえてくると、ああ、一日が終わるなあって思って寂しくなってしまうんだよね、なんだかね、どうしようもないけどね」と独り暮らしのSさんは言う。

「ひとりだとね、話し相手もいなくて、早いけどもう寝ちゃおうかなって思うこともある。本当に寝てしまうと今度はとんでもない時に目が覚めるからもっと厄介。7時ころに目が覚めて朝なのか夕方なのかわからなくなると、誰かに聞くこともできないからテレビをつける。ご飯食べるのもどうでもよくなっちゃう」

テレビの音を大きくする

「それでテレビをつけてる。音がないから。本当にいやだなあって思う時間かな」

普通だったら、夕ご飯の支度をして子どもたちが帰ってきて、という忙しい夕方であり仕事があわただしく終わる時間である。夕暮れに忙しい人は幸せなのかもしれない。

「テレビも面白くないけど、お相撲があるときだけはいい。見てるとあっという間に夕方が終わる。お相撲はわかりやすいしね。そのときはね、夕焼け小焼けも気にならない」

おひさまは素晴らしい

午前中に「寂しい」という人は少ない。朝陽が差し込んだり、陽の光がまぶしかったり、その光線に暖かさを感じたりすると、意外と人は元気になる。どこかからやる気が出てくるとすれば、晴れた朝の光の中にそれはありそうである。

「寝ちゃおうかなって思うのは、早く明日が来ないかなって思うんだよね。朝になれば気持ちも変わるし」

そうだったんだ

防災行政無線は全国各地でいろんな音楽を奏でている。子どもから高齢者までがそれを生活の一部として聞いているにちがいない。昼の12時にも時を知らせる音楽が聞こえ、夕方にも別の音楽が聞こえてくる。

とうぉーき、やぁーまに、ひぃは、おーちて、の「家路」や軽やかな「エーデルワイス」、ビートルズの曲を流す自治体もあるという。名もしらーぬ、遠きしーまより、なーがれよーる、やしーのみひとつーは沖縄の小さな島で流れているという「椰子の実」。ユーミンの出身地では「守ってあげたい」が流れる。北島三郎の出身地では「与作」が流れるという。

チャイムの流れる夕暮れ時に、死にそうにさみしく思う人たちがいる。おなかをすかせた子どもたちや、その子どもたちにおかずを買って急いで帰る人たちもいる。早く仕事を終わらせたい人たちもたくさんいて、その瞬間の地域はとてもごったがえしている。

長い年月一緒にいるとわかること

「こんなことをしたら、人に何か言われるんじゃないかと思って気になってしまうことはありませんか。人に何か言われて、気になって眠れなかったということはなかったですか」

「ないですねぇ」とGさんは何でもなく考えもせずに簡単に答えた。

「こういうひとなのよねぇ」と奥さんがすかさず言った。

気にしないのよ

「この人にはストレスってないのよ、とにかくねマイペース。だれが何か言っても気にしない。自分の思い通りにやっているの。特に昔から仕事柄、数字を見ることが好きだわね。確定申告なんかビシッと書類を整える。黙って何時間でもやっているの」

「確定申告はね、毎年きちんとやることになっていますからね」

「夜寝る時に、私はちょっとラジオが聞きたくなるの。悪いと思って小さい音にするけれど、このひとはねラジオをすごく大きな音にするの。全く自分の思うとおりにやってるのよね。周りのことはおかまいなし」

何も言わないからいいのかな

「以前はいちいち音が大きいとか言ってたけれど、もう言わない。マイペースでしかやらないから。そういう人なんです」

「私はいつも自分の思うように決めてやりたいようにやっていますから」

「そういう人だってわかっているからいいの、仕方ないの。でも反対に私がこうしたいってことには決して反対しなかった。賛成してくれて何も言わずにそれでいいよって言ってもらったことはたくさんある。だから今までやってこれたのかもしれない」

全く正反対なの

変わって東京下町生まれのSさん夫婦。

「よく考えてみると、私たちって全く正反対だったみたいなの。せっかちとのんびりで。デイサービスに行かない日はこの部屋で話したりしているんだけど、ますます正反対だって思っちゃう。だってこの人この頃特に反応がおそい。いらいらしちゃうのよね」と奥さんが言う。

「いやぁ、そんなにせっかちになってもしかたないですよねぇ。人生はのんびりいかなくっちゃ。これでも若いころはね、あちこちに営業に回ったんですよ。みんな私の話に夢中になってくれましてねぇ」

「まったくどうしようもない話ばかり。それっていつの話なの？」

「いつだったかなあ。ねっ覚えていないかなあ」

「覚えていません！」

カラオケが好きなの

「ところで小島さん、金色夜叉って小説もあるけど歌もあるの知ってますか。いい歌ですよ。このまえデイで歌っちゃった。そしたら目の前のおばあさんも一緒に歌ってましたね。美しき天然って歌もあってね。歌いましょうか」

「今うたわなくてもいいでしょ。美しき天然なんて若い人は知らないでしょう。

古い歌よね。いろいろ思い出しちゃうなあ」

というわけでそれからご夫婦二人で「美しき天然」を歌うことになったのです。

正反対の性格でも、歌は一緒に歌えるのです。私はじっくりと聞きました。初めて聞きましたが結構いい歌でした。

いつもケンカしてるけど

80歳を超えた夫婦の二人暮らしの姿にはなぜか頭が下がる思いがする。結婚してから50年以上が経過している。当たり前であるがいろいろあったとさまざまな話が出る。思うようにいかないことばっかりだったと誰もが言う。そして互いに互いをこんな人だと思わなかったともいう。

それでも、毎日毎日をともに過ごしてき

た生活の積み重ねはかけがえのないもので、こんな人ではなかったという互いを
じっくりと認めることでおだやかな暮らしが営まれる。ケンカしても一緒にいたこ
との時間の厚みのほうがやわらかく暖かく漂っている。

二人が睦まじくいるためには愚かでいるほうがいい
立派すぎないほうがいい
立派すぎることは
長持ちしないことだと気付いているほうがいい

と詩人の吉野弘は「祝婚歌」でうたっている。
とても生意気だけれど、私にその通りだと思わせてくれるのは80歳を過ぎてもケ
ンカばっかりしている高齢のご夫婦たちである。ふたりはそろって80まで生きてい
ることの幸せをしっかりとわかっているのだろうと思う。

地域の商店街とつながる！

私の現在の事業所は私鉄の駅の南口から歩いて5分ほどのところにあり、その道筋には商店街が広がっている。この地域には駅を中心に6つの商店街があってその一つが南口からの商店街でありその中に私の事業所も加盟している。加盟しているということは年会費も収めており、年間の地域行事にも参加しているということである。

総会に出てみました

「今年の総会は20日に行いますから出てくださいね、欠席の場合には委任状をお忘れなく」と事務所に書類を持ってきたのは利用者であるHさんの家のお嫁さんだった。商店街でお店を出している。

「私が出席します！」と張り切って書類を受け取った。総会は近くのマンションの集会室を借りて行われた。商店街会長から事業報告や決算や事業計画の話があった。商店街会長のご家族にも先日介護保険のことで説明に伺ったばかりである。

10名ほどの参加だったが議長をしたのはお豆腐屋さんで、今回理事になったのは八百屋さんで、監事は美容室の若き店主、じっと目を光らせてみているのがお米屋さんだった。黙って聞いていたのは金銀買取の店主、当たり前であるがみんなよく会う地域の人たちで、平均年齢は意外と高かった。

スタンプラリーをします

「新しくなった駅ビルによそからの店舗が集中して入ってきているけど、商店街も頑張るってことで6商店街でスタンプラリーをします」と商店街会長から説明があってその台紙は事業所にも30枚ほど渡された。うーん、どこに配ろうか、誰に渡そうか、事業所の仲間で考えた。

「要介護1で散歩が好きなYさんがいいかな、シルバーカーを押して買い物に行っているTさんもいいかな、でも6カ所にあるスタンプの全部にはいけないかも……」

「駅の向こうのスタンプは私たちが押してきてあげるのはどうかしら」

「いいかも！」

「もっと期間が長ければ、短期目標としてスタンプラリーを制覇する、なんて書けたらケアプランもおもしろいよね！」商店街の活性化は介護予防にもつながるのかもしれない。

景品は電動自転車、そしてお米10キロ

総会ではスタンプラリーの景品の話が出た。この商店街に自転車屋さんとお米屋さんがあることから電動自転車一組とお米10キロ二組が景品となっていた。スタンプを6つ集めるとくじ引きができる、その景品である。

「じゃあ、電動自転車とお米はくじ引き会場におくわけ？」

「そう、4階の会場だけどエレベータあるから」

「コメはどーすんの？ 5キロ袋を二つ、一つの

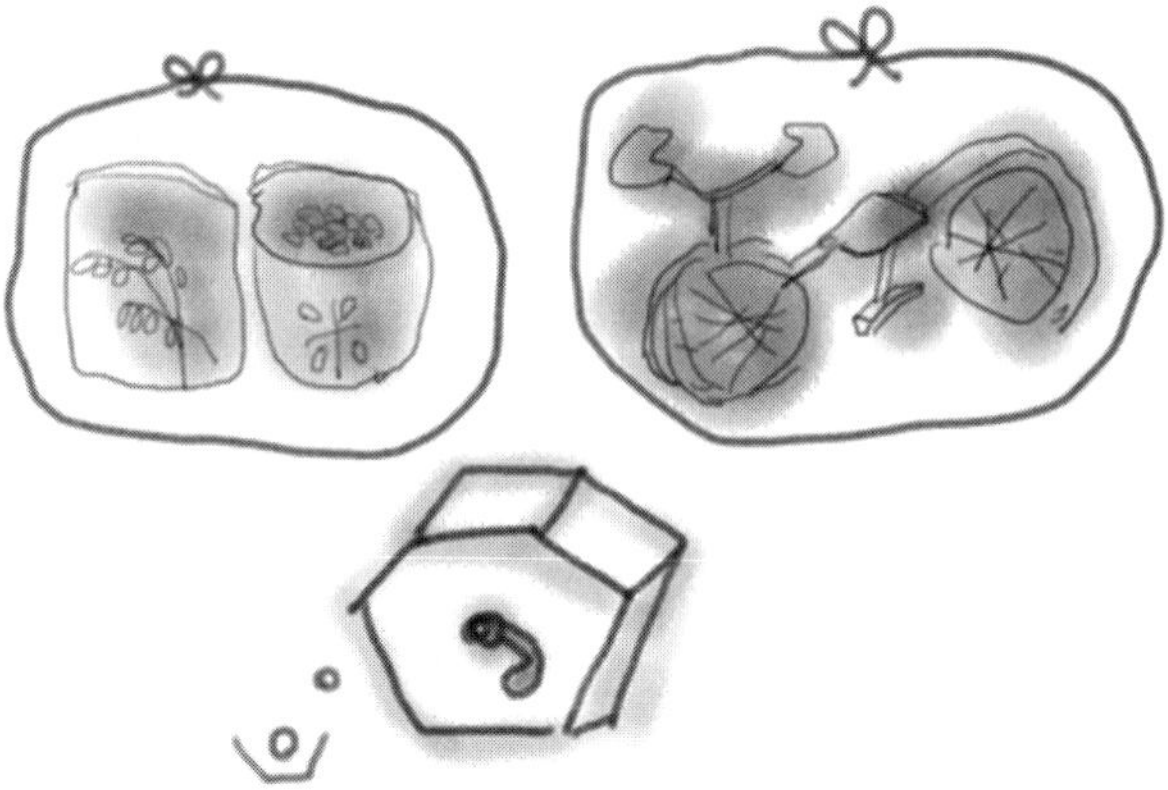

箱に入れて飾っとく?」

「いや、ドーンと10キロ袋ひとつでいいんじゃない?」

「駄目だよ、箱がないとハクが付かないよ。それに10キロ袋じゃ一人で持って帰れないでしょ、だから5キロずつの袋で二つ、それを箱にいれる」

「えっ、じゃ一人で5キロずつ二度運ぶってことにするの? 大変だねえ…」

「そうだよ、箱に入れて10キロ一度でもいいし、5キロずつでもいい。みんな高齢化しているからねえ、5キロずつしか持てないと思うよ」

「わかんないよー、若い人が当てるかもしれないし」

「どちらにしても10キロを担ぐのは厳しいよ」

「高齢だったら店から配達してあげたら?」

「それでもいいよ。じゃ、目録みたいなの置いておく?」

「駄目だよ。景品は会場に飾ることになってるし。目録じゃぁほかの商店街と比べてうちが見劣りするよ」

「あのさぁ、景品当たったらどんなことしたって持って帰ると思うよ。そこまでいろいろ心配しなくてもいいんじゃないのぉ~」

あちこちからいろんな意見がさまざま飛び交った。みんながみんなすごく優しくていろんなことを心配しているのがわかってなんだかこっそり笑ってしまった。

「じゃ、5キロ袋の米を二つ、一つの箱に入れて展示する」という会長の言葉でその話はやっと終結した。

「まちゼミ」に参加する

今年わが事業所は「まちゼミ」に参加申し込みを行った。

「まちゼミ」は、商店主が講師となり、専門店ならではの知識を教える、少人数のゼミナールである。ポイントは「お店と街のファンづくり」「店主が講師になる」「受講料は原則無料」「販売はしない」「仲間との出会いの場」となっている。地域とつながり、地域の活性化につながるまちゼミに、わが事業所は恐る恐る「高齢者の生活と介護の悩みを話そう」というタイトルでざっくばらんなカフェスタイルを提供する。

来てくれるかなぁ、と思いつつその報告はまたそのうち。

まちゼミ開催！

まちゼミは商店主が講師となり、専門店ならではの知識を教える、少人数のゼミナールである。商店街連合会が主催し、「お店と街のファンづくり」「店主が講師になる」「受講料は原則無料」「仲間との出会いの場」がコンセプト。わが事業所は「高齢者に役立つ情報伝えます」のタイトルで参加した。

のぼり旗を持って帰る！

まちゼミ開催店主のための説明会の後、まちゼミの派手なのぼり旗と旗を立てるポールを渡された。長いポールは突っ張り棒みたいな感じで、私の背より高かった。これをもって電車で帰るのもなんだかなあ……と思ったが、各駅停車に乗って必死で気を使いながら帰った。やっと駅に降りた時、携帯電話が鳴った。

「大丈夫だった？ 旗とポールを車で運んであげようと思って探したんだよ……」

と優しい商店会長の声だった。

まちゼミのチラシ配布！

まちゼミの参加店舗は区内95店舗。「ちょっとすごいでしょ」という感じで説明会も盛り上がっていた。チラシは12万枚配布。「チラシの数だけでもすごい宣伝になるよね」とささやいている声も聞こえた。

区報に公表される日がのぼり旗を立てる日、チラシが新聞に挟まれて各戸に配布された一週間後が申し込み開始日となった。チラシはタブロイド判で8ページカラー刷り。「得する街のゼミナール」とおしゃれなタイトルもついていた。

「申し込みは朝9時から、事前申し込みはルール違反です。申し込み日は電話が殺到するかもしれませんから受付用紙など準備しておいてください」と説明があった。

なかなか申込みがない！

大丈夫かなあ……と心配が的中。わが事業所への申し込みは待てど暮らせどなかった。心配になって、近所の街ゼミ開催店にようすを聞きに行くと、「うちもまだないよ」といわれてほっとした。

まちゼミの内容は多彩だった。和菓子屋さんの和菓子つくり、蕎麦屋さんのおいしい手打ちそば作り、ワインの基礎知識、美容院が行うスタイリングのコツ教えます、初心者のための珈琲の入れ方、ぬか漬講座、プチブーケを作ろう、どれを見ても興味津々だった。隣の芝生はかなり青く見えた。

それでも、あちこちで「見ましたよ」「まちゼミやるんですね」と声がかかった。それでも申し込みはなかった。

具体的にする！

少し焦りだした。せっかくだから目立とう。個別相談よりはアクティブなちょっと楽しいことに切り替えよう。ちょうどそんな時、福祉用具専門相談員が「なにかお手伝いしましょうか」と言ってくれた。

そうだ！電動四輪試乗会にしよう、あっという間に話は決まって、おまけにいつもお世話になっている福祉用具の貸与事業所四社が協力してくださることになり、電動四輪車試乗会は成立した。

すぐにチラシを作成、ご近所商店街に配って歩いた。「残念だなあ、お店があるから行けないけれどおもしろそうだね、チラシもっとおいてあげるよ」とお豆腐屋さんが言ってくださった。「こういうのって運転免許いらないのかな、なくていいなら行きたいな、うちにもチラシ置いていって」とクリーニング屋さんの奥さんにも言われた。

その日が来た

電動四輪車は事務所の前に四台置かれた。まずは私たちが試乗した。早速隣の美容室から「ちょっと乗せて！」と美容師さんがやってきた。その隣の接骨院の先生も出てきて颯爽と乗った。事務所の大家さんの奥さんも乗ってみた。「意外と静かでなめらかね」と話していた。「早く知っていたらよかったなあ」とも言った。

事務所の前は通りから入った道で車も少なく、小さな公園もあったので試乗には最適だった。しばらくしてあちこちから現れたのはケアマネジャーの仲間たちで、みんな「乗ったことがないから」といって順番待ちして乗っていった。

事務所の前は華やいだ騒がしさとなった。なんだかみんなが面白そうに体験していた。

うれしい笑顔

本当に偶然、高齢者のお客様が来た。「乗ってみたかったんだ」と言って一旦乗るととても上手に乗りこなした。男性で要支援1だと言っていた。福祉用具専門相談員の丁寧な説明を聞きながらニコニコと乗ってくださっていた。「ちょっと自分の家まで乗っていっていいかな」ということで、付き添い付きで往復した。

乗ってみたいなあ、これに乗ってまた写真を撮りに行きたいなあ、とアンケートに書いてくださった。私たちもうれしくなった。

たくさんの人たちの応援でまちゼミ第一回は参加者15名の大盛況で終わった。梅雨入り宣言のあとの、珍しくカラッと晴れた一日だった。

福祉用具がそこにあることで支えているもの

寝たきりにさせない福祉用具

90歳を超えてもSさんはますます元気だった。少し前に腎臓がんが見つかって片方の腎臓は取ってしまっていたり、心電図にたまに異常が出てきたりしていたが、毎日を楽しく暮らしていた。ゆっくりと食事をして、ゆっくりとテレビや音楽を楽しみ、訪ねてくる友人たちとおしゃべりした。

デイサービスこそ嫌いだったが、デイサービスに勝るとも劣らない人の出入りがあり、近隣に住む家族との外出もあった。

トイレには便座にはめこんだ手すりがあり、トイレを出たところには天井ツッパリの縦型の手すりがあった。その続きにベッドまでの動線を結ぶ置き型の手すりがある。浴室にはシャワーチェアはもちろん、バスボードがあってそれらを上手に使いこなす方だった。少し場所を取っていたかもしれないが洗面所にも置き型の手すりがあった。

90歳の彼女の生活を寝たきりにさせていなかったのは、たくさんの福祉用具である。

少しずつの衰弱

しかし、今年のお正月を過ぎてから、何となく元気がなくて、すぐにベッドに横になってしまったり食欲がなくなってきたり、まわりのみんなをあわてさせ始めていた。

桜のお花見は近所に住むお孫さんと車いすで出かけたのだが、それからも少しずつ体力が衰えていった。何が原因でもなく、主治医は「老衰」と伝えた。

季節の変わり目に負けてしまうような体調の変化だった。数カ月後にはベッドから立つこともやっとの日が多くなった。ベッドから数歩の場所にある椅子に腰かけて食事をしていたがそこまでも歩くことが難しかった。念のためにと使っていたリハビリパンツが役立つようになっていた。

かたつけていいかしら……

「ケアマネさん、もう、トイレの手すりは取ってしまってもいいんじゃないかしら。使わないでしょう。掃除がしにくいのよね。廊下の天井ツッパリの手すりもいらないでしょ」と本音で話すのは、日中Sさん宅に長く通っているお手伝いさんだった。

「そうね、でも、調子よかったらもしかして使うかもしれない」

「無理ですよ。ポータブルトイレだけでいいんじゃないかしら」

きれい好きなお手伝いさんの本音もよくわかった。

ヘルパーさんの訪問を増やす

お手伝いさんのいない夕方からの時間にヘルパーさんが来ていた。夕食の配膳からイブニングケアまでを対応していたが、リハビリパンツ交換を定期的に行うほうがいいと提案があった。日中や朝にも支援の必要性が出てきていた。

ヘルパーさんが排せつの様子を観察していくうちに、便秘が続きやすいこと、そのことで食欲も落ちることなど、高齢による体調の変化が把握された。主治医と相談して排便コントロールを目的に訪問看護師さんも導入していくことになった。

思いがけない外出

あっという間の展開だった。訪問介護も、訪問看護も定期的に入ってみると、かなり計画は重装備になった。しかし、それだけのケアが行き届くと、Sさんの体もまた少しずつしっかりとし始めた。近所にバラの花の垣根があってとてもきれいだときいて、「行ってみたい」ということになり、お天気と気温を見計らって車いすで出かけて行った。車いすを押したのは近くに住むご家族で、さっそく写真を撮った。

その写真には、車いすに座ってつばの広い帽子をかぶった上品な高齢の貴婦人が写っていた。ワンピースのような花柄の長いスカートと軽そうな上着をちょっと羽織っていて、バラの花を背景にまるで絵本の中から出てきたようなシーンだった。

でも使うかもしれない……

車いすもあってよかったね、と話した。もう外には行けないわ、と言っていたからそろそろ返却しようかとも考えていた。何が起こるかわからない。そして人の気持ちはちょっとしたことですぐに変わるものでもある。

だから、まだトイレの手すりも天井ツッパリの縦位置手すりも取り外せない気がした。もしかしたら、「今日は気分がいいから、トイレまで行こうかしら」という日が来るかもしれなかった。

使うときには必ずないとこまるから

もし、そんな気持ちになったら、福祉用具がないとトイレまで行けない。福祉用具がそこにあるから、そこにあることを見て本人の自立への気持ちが支えられる。そういう日がきっとあると信じたいと思う。

しばらくは手すりを取り外さないでおきたい、とお手伝いさんに伝えた。簡単に反論されないように付け加えた。

「息子さんのお嫁さんも68歳、娘さんも70歳なんだし、遊びに来るお友達もみーんな80過ぎ。ここのトイレを使うときに、全員に手すりが必要だと思われる年齢の人たちばかりだから取り外しはしばらく延期します。きっと孫やひ孫たちも使っているはずです」

そして、言わなかったけれど、とうに還暦を過ぎたお手伝いさんも絶対使っているはずなのです！

人生を歩み切る姿

Mさんが治療を終えて退院してくるときから介護保険の利用が始まった。病院のベッドに横たわったMさんは辛そうな顔であったけれど、「自分の家に帰る」ということに前向きだった。娘さんはMさんの今までの生活やいつも話していた言葉を思い出して自宅で最期まで暮らせるようにと考えていた。

ここは自宅ではないです

娘さんは近くに住んでいたので、退院後はできるだけ頻回に独り暮らしのMさん宅を訪れたい…と思っていたが、できることなら自分の家で一緒にくらしてもいいかもしれないとも考えていたと思う。退院前に娘さんの家で話をした。

「この部屋はどうかしら、ここをかたつけてベッドを置くのはどう?」

それは和室だった。たくさん荷物があったが、片つけるから…と娘さんは言った。

「んー…Mさんが最後まで自宅で、というなら、ここが自宅ではないです。ここは娘さんの家ですから」娘さんとは知り合いだったこともあり、ちょっと辛口の返答をした。

リビングに置きましょう

というわけで、歩いて二、三分のMさんのマンションの部屋に伺った。

「この奥の部屋にいつもは寝ているのよ」

と娘さんが案内してくださった寝室はベッドの周りに本箱や箪笥が並んでいた。

「このベッドを廃棄して、電動ベッドをレンタルするのはどうかしら」

「んー…ここじゃ寝ていても天井と箪笥しか見えませんね」

「ほかにいい場所があるかしら？」

玄関から入ったところにリビングがあった。食事やお茶ができる小さなテーブルと椅子があった。掃き出しの窓があり、ベランダにはいくつもの鉢植えの花が咲いているのが見渡せた。Mさんが花が好きなことを聞いていた。

「ここに置きましょう！ここならベッドに寝ていてもお花が見えます。誰かが来てもここで話すことができます。ご家族と一緒にご飯も食べられるでしょ」

こわぁ〜いケアマネさん！

そのリビングにもいろんな荷物がありベッドが入るようにご家族がかたつけるのには、丸一日かかったと後日お聞きした。私はとんでもない提案をしたのかもしれなかったがそう間違っているとも思わなかった。でも、その日からしばらくの間、私は「こわぁ〜いケアマネさん」と呼ばれた。

退院したMさんがリビングのベッドからベランダのお花を眺めて「きれいねぇ」とつぶやいた時、そのベッドを囲んで、訪問の先生や看護師さんや娘さんや孫さんたちとMさんのウイットのきいた冗談を笑った時、やっぱりこれでよかった！と思うことができた。

それから5年

ベッドは右側を壁につけて置かれていた。左側からMさんは立ち上がり、ベッドのフットボードを手すり代わりに掴みながらトイレまで歩いた。

ベッドとベランダの間におかれたテーブルと椅子は、日々たくさんの来客を迎え、家族団らんのかけがえのない空間となっていた。ベランダの鉢植えは季節ごとにいろんな花を咲かせてMさんを楽しませた。

ふしぎなことに、この家にやってくる人たちは誰もがMさんと心豊かになる時間を過ごして帰って行った。

そして、あっという間に五年の年月が流れた。Mさんは急に体調を崩した。高齢でもあり、医師は「老衰」と診断していた。

両側からケアできるように

訪問看護師さんがベッドの右側が空いていたら処置がしやすいのだけれど…と訴えてきた。ヘルパーさんもちょっと右側に回れたらMさん自身が楽だと思う…ということで、ベッドの両側からケアできるようにしたかった。右側を壁から30センチ離すことはできないだろうかと相談した。しかし、そうすると大切な団らんの空間が狭くなってしまう…娘さんもためらっていた。

じゃ、キャスターをつけましょう

必要時だけ壁からベッドを動かすことってできないのかしら…とつぶやいた私に福祉用具専門相談員があっけなく答えてくれた。

「じゃ、キャスターつけましょうか」

そうだ、ベッドにキャスターをつけたら、その時必要な人が動かしてまた元に戻せばいい。大切な団らんのスペースを壊さなくてもいい。名案だった。「すごいアイデアだわ」と言ったら福祉用具専門相談員はそうたいしたこともない感じで笑っていた。

ベッドを壁から離すとき

病状が進んだとき、部屋のレイアウトを変えて、介護者が両側からケアできるようにするという方法は外山義さんの『クリッパンの老人たち』（一九九〇）にも書かれている。その本に描かれた高齢者と同様にMさんの体調は二度と回復することはなかった。95歳のMさんが「人生を最期まで歩み切ってゆく姿」は私たちに深い感動を残した。私たちはMさんに感謝のことばしかない。

わかっちゃいるけど…ね

Yさんは片まひではあるがずっと自宅で一人暮らしを頑張ってきた。週三日デイサービスに行き、残りの二日は随時入るヘルパーさんと共に過ごし、土日は近くに住む娘さんがやってきたりしながら何とか一週間を過ごしていた。

でもやっぱり一人になると寂しかったり、なんだか怖かったりして、たまに緊急ボタンを押して救急車が来てしまうこともあった。土日に誰も来ないと、ひとりで出てはダメといわれていても外に出てしまったりして玄関先にしゃがみこんだりした。

ひとりでいるよりショートステイを

近所に家族がいるといっても、毎日顔を出せるわけでなく、土日なら暇かといわれても、いつも時間があるわけでもないのはどこでも同じである。

誰も来ない日があるよりは、誰かがいるところにいたほうが安心、と家族は考えた。定期的にショートステイを使ってみようか、ということになりYさんとご家族はあちこちを見学した。

快適な個室

ショートステイの施設は、新しくできたものほど個室が当たり前で、ベッドや家具が整っていてトイレが室内にあるものも多い。Yさんは四点杖を使って歩くことができる。しかしバランス悪く、付き添うことが必要なことも多かった。だから自分の部屋にトイレがあることは便利だった。独りでいることも好きだったから個室はとてもいい印象だった。

たくさんのお願い

初めてのショートステイを利用する際に娘さんたちが施設に頼んだことはいくつもあった。中でも「とにかく寝たきりにさせないでほしい」という気持ちは強かった。

「できたら、ショートステイの自分の部屋から食堂まではいつも必ず杖で歩いていくようにお願いします」「できるだけ本人より元気な方と同じテーブルで食事ができるようにしてもらえませんか」「日中の活動には必ず参加させてほしいです」

つよぉ～い拒否

ご家族の気持ちもよくわかるが、なかなかうまくはいかなかった。施設スタッフから連絡があった。

「食堂まで歩くようにお誘いするのですが、拒否されます。歩けないわけではないですが歩いてくれません。車いすでお連れしてもいいでしょうか」

「どんなふうに拒否されるのですか」

「私のことは私が決めるの！って怒りだすんです。そして一歩も足を出しません。車いすで行く、というんです」

面会に行ったご家族からも連絡があった。

「母は、うちにいるときより歩かないのです。無理に言うと怒ることもわかりますがプロの方たちだからなんとか頑張ってほしいです」

わかっちゃいるけど…ね

「どうしちゃったんですか？ 歩けるのだからいつものように歩けばいいのに…」と面会に行った私が何気なく言った。

「わかっているわよ。でも指図されるのはいやなのよ」

「命令されるわけではないでしょう？」

「そうよ、やさしいわよ。でもねえ、あれしなさい、これしなさいって言われているような気がするわけ」

「そうかあ、そういうのは嫌よね」

「自分のことだから、やるときはやるわよ」

「娘さんたちが施設に歩かせてほしいって伝えたんですよ」

「それもわかってる、あの子たちの言ってることは理想！でもそれは私のためだってことも知ってる。それが私の体のためにもなるってことも知ってるから…」

「でも疲れちゃうのかな」

「わかっちゃいるけど…やりたくない時もあるんだよ」

「私もYさんがショートステイに行ったら歩けなくなったなんて嫌ですよ」

「大丈夫、部屋の中でトイレに行くときは歩いているし、全く歩かないわけじゃない。私だって歩くことで娘たちが喜んでくれることもわかってる。喜んでくれたら自分もうれしいいからね」

「そうですね。無理しなくていいからマイペースでね」

好きなようにさせて

やっぱり常に母親は上手（うわて）である、と私は思う。できるだけ動かして、できるだけ活動的に、という娘さんたちの想いも十分にわかるが、それがYさんの望むところではなさそうである。

私たちが理解すべきは高齢者の心理なのかもしれない。年を取っていくことで変わっていく気持ち、意欲の変化、体との対話、季節の影響、人とのかかわり。私たちも90歳になった時どう思うだろうか、未知の世界を手探りしながら私はYさんと話していた。

オレンジカフェってどんなかな

オレンジカフェ（認知症カフェ）では、「認知症の人と家族、地域住民、専門職等の誰もが参加できる場所、集える場所」として各地で活発な活動が行われている。私の地域にもその集まりはあって、小規模なデイサービスが主催し、そのデイルームを会場として月に一回開かれている。

厚生労働省が平成25年に出した「認知症施策推進5か年計画（オレンジプラン）」によると、「認知症カフェの普及などにより、認知症の人やその家族等に対する支援を推進する」と位置づけられている。

なんだか不思議な雰囲気

オレンジカフェの開催は日曜日の昼。主催するデイサービスは庭のある民家を改造したちょっとおもむきのある建物。その日は送迎の車のおいてある場所から入口まで、自転車がいっぱい。中に入ると庭に面したベランダにも人があふれていた。

この日は近くの病院の精神科の医師が認知症の話をすることになっていた。集まったのは近所の高齢の方たち。このデイサービスの利用者もいるしそのご家族もいた。誰が来てもいいのであるが、たぶん認知症の症状があると思われる人もしっかりと聞き入っていたように思う。

込み合っているから半分どうぞ

さすがに会場はいっぱいだったので、私は隅のほうで立っていた。

「半分どうぞ」と言って近くで座っていた高齢の男性が椅子の座面を半分開けてくださった。

「大丈夫です‼」と断ってみたものの、ずっと立っているのは大変かな……と思って、「じゃ、半分もらいます」と私はその半分にお尻をのせた。

高齢者に席を分けてもらうなんて、申し訳ない気もしたがちょっとうれしかった。

よくわからないけど……

その日は認知症の話といっても「せん妄」の話が出た。せん妄とはどういう症状であるかの話が続いた。わかりにくいのではないかしら……と思っていると、隣の高齢の男性が「よくわからないけど、せん妄って初めて聞いた」とつぶやいた。

コーヒータイム！

しばらくして休憩となった。コーヒーとお菓子が手渡された。コーヒーを配っているのもお菓子を配っているのも高齢の女性だった。近所の人か、もしかしてデイサービスに来ている人か、その家族か、そういう身近な人たちだった。

「休憩中にお手洗いに行きたい方で、お手伝いが必要な方はスタッフに声をかけてください。一緒に行きますから」とアナウンスも流れた。

コーヒータイムはゆっくりした時間で、その時間に質問を紙に書いて出すことになっていた。

質問をどうぞ！

コーヒータイムが終わると質問の紙がどっさり集まった。

「食思不振っていうのは食欲不振ってことですか」

「やぁ、すみません。そのとおりです。なんだか医者の言葉で書いた資料をもってきてスミマセン！病的な食欲不振はせん妄につながります」

「お酒はどうでしょうか。私は赤ワインを飲むんですけど」

「赤ワインですか、素敵ですね。ほどほどに、です。

赤ワインのポリフェノールがいいって言いますね。

だからお若いのかな。でも飲みすぎたら肝臓や血圧にも響きます」

「若くないです！84です！（笑）」

「せん妄の誘発因子にストレスって書いてあるんですが、ストレスの軽減はどうしたらいいんでしょう。私にとっては夫がストレスなんです。このごろ頑固になっていますし、ご飯の用意はいつも私。何を言っても手伝ってもくれない。どうしようもないんですよ」と言ったのは夫婦で参加のお二人。

早速ご主人の巻き返し。

「いや、私が何か言うと負けちゃうんです。いつも言われっぱなしです……」

「奥さん、ストレスの解消っていうのは言いたいことが言えるってことです。だから、今まで通りでいいんじゃないですか。本当に頭に来たら一緒にはいないんだから。ここに一緒に来ていらっしゃるなんてそれだけで十分ですよ（笑）」

「母にサービスの利用や受診を勧めたいのですがどうしたらいいでしょう。聞いてくれないです」

と話したのは認知症の症状が見え始めたお母さんと同居している息子さんだった。

「まず、あなたがどこかに相談に行って、たとえばここのデイサービスでもいいし地域の高齢者センターでもいい、いろんな人にどうやって話したかを聞いたり、他の人からお母さんに話をしてもらったりするのはどうでしょうか。もちろん時間はかかりますが。ひとりではとても大変なことですからね」

あんなに並んでいた自転車の持ち主は高齢の方ばかりだった。カフェが終わって帰って行くとき「気をつけて！」と思わず声をかけた。「専門の先生の話がきけて良かった」と話していた。

介護職という尊い仕事

夜間帯のヘルパーがいなくなる

「小島さんには先に言っておくね。うちの事業所、夜間深夜帯のヘルパー派遣はできなくなりそうなの」

「えっ、すぐになくなってしまうの?」

「来年にはその部門の事業を閉じて、日中だけの訪問介護にする予定なの」

「困るなあ、イブニングケアとか、モーニングケアとか、必要な方はいるのよ」

「人手がないのよ。夜間帯はヘルパーを募集しても来ないしね、だんだん採算が合わなくなってしまうの」

毎日定時に入っていたサービス

夜間深夜帯の訪問介護というのは夕方7時以降、朝の6時までの訪問である。料金も加算がついて、通常の1・2倍から1・5倍になる時間帯である。主に利用されるのは一人暮らしであったり、重度の方たちであったりする。夜間のおむつ交換や体位交換のサービスで定時に毎日入ってもらう計画を立てる。

たとえ介護者（家族）がいても、夜は寝ていただこうとして計画する場合もある。しかし、最近はそのようなケアプランも少なくなっている。

おむつがよくなったからね

「この頃は紙おむつもよくなったのよ。一晩つけっぱなしでも漏れない、蒸れない、かぶれない、というものも増えてきたからね。だから、深夜帯におむつ交換での訪問は減っている」

「そうね、紙おむつはかなり進化してきた。行政が支給する制度もあるから介護度の高い人はとても助かっている」

「夜間帯にどうしてもトイレ介助が必要というときは、コールを受けて訪問するというサービスもあるでしょ。そちらのほうが利用されるようになってきているのよ」

「そして、体位交換のための訪問も少なくなったわね」

「エアーマットが性能を上げてきているからね」

「そう、エアーマットはかなり良くなってきた」

「福祉用具の発達はすごいよね、用具がヘルパーさんの仕事を奪ってしまったのかしら」

あんなにレベルの高い仕事はないのよ

「そうでもないのよ。やっぱり人でないとできないことはたくさんある。夜間の本当にさみしい時、ヘルパーが〝こんばんは〟って入っていくことでほっとしてもらったこともある」

「そうだよね、みんな不思議と夜中なのにヘルパーさんが来るのを待っていた」

「でも人材が集まらない。それは給料だけの問題でもないみたい。ヘルパーって要求されることが本当に幅広くて、すべてマスターするのはかなりレベルの高いことなの」

「そうね、相手に合わせた対応っていうことが本当に求められるからね、大変な仕事だと思う」

「でも、そこでみんなくたびれちゃう。人材が集まらないと働き方もハードになってくるから。それは施設でも同じね」

娘たちの介護のために

高齢の親を持つ娘たちの介護について何回か書いてきた。その娘たちはみんな仕事を続けている。だから、同居であってもひとり暮らしであっても、要介護の親の生活には必ずヘルパーさんたちが登場してきている。あるいは娘たちが介護離職しないためには、やはり24時間安心できる施設での生活を選択することになる場合も多い。

娘たちや息子たちが安心して仕事をし、自分自身の人生を歩んでいきつつ高齢となった親を看ていくときに必要なのは、近くに居心地のよい安全な「自宅により近い在宅」があることではないだろうか。それは現実的には「居心地のよい施設」であると思える。

その施設にも介護人材が足りない。施設はできたものの、人材不足で三階建ての二階までしかオープンできないという実態もある。介護という尊い仕事をする人たちの生活と職場を充実させなくてはならない。

家族介護者と在宅の限界

在宅療養という言葉があちこちで聞かれる。訪問医療があり、訪問サービスがあり、通所サービスも利用して住み慣れた自宅での生活を限界まで続けていくことが可能になっている。行政も医師会も一生懸命であり、多職種が連携できるのに越したことはない。しかし在宅療養をみている限り家族介護者あっての在宅であると痛感する。その時、介護離職ゼロというスローガンにどこか矛盾が感じられてくる。だから、スローガンの発言者の後ろに特養の増設という言葉が続いたのかもしれない。

まだまだ時代は動いていくだろう。何十年後かにこの話を思い出話として読めるようにここに記録しておきたい。

運命かもしれないね

ひとり暮らしのRさんは92歳にして引っ越すことになった。「ほんとに引っ越しするんですか」「そうなの、なんだかあっという間に決まったの」「大丈夫ですか」「大丈夫よ。姪たちがやってくれるから、お任せしようと思う」

新しい家にずっと住むのよ

それにしても、急な話だった。

「この家にずっと暮らすって言ってたじゃないですか、だから、施設も考えないし、ショートステイもしたくないって」

「そうよ、そういうつもりだったし、今もそうよ。今度の家は姪やいとこの近くだから5分もかからずみんな来てくれるの。ここにいるより安心だからって言われちゃったの。そこにずっと住むつもり。だからやっぱり施設には行かないわよ」

元気な毎日だった

Rさんはご主人が亡くなってからの一人暮らしが長かった。お子さんはいない。二階建ての家は一人では広すぎたかもしれないけれど、一人暮らしなりのいろんな思い出があちこちに詰まっているところだった。

90歳を超えても元気で庭の草取りをしたり、木の枝を剪定したりすることもした。たまに心臓がどきどきするといっては医者に行き、トイレに行く回数が多いといっては泌尿器科にも行き、それなり健康管理に気をつけて薬も飲んでいた。

何でも自分でやる

昔の話を聞いたことがあった。Rさんは行政関係のお仕事を定年までされていたので、女性といえどもしっかりとした収入を持っていた。仕事の帰りに同僚とお茶したり、デパートに寄ったり、ちょっとうらやましい時代を過ごしてこられていた。だからおしゃれでもある。デイサービスにはお化粧もお洋服も気遣っていく。

家を建ててしばらくしてご主人は亡くなられた。お子さんがいなかったから自分の将来のことを考えなくはなかったので、養子縁組をする話もあったという。最終的にうまくいかなかったらしい。

一人になってからも、また定年後も自分の身の回りのこと、家のことにはせっせせっせと自分で体を動かした。そういう性格、そういう「たち」だったようだ。

運命だったのかもしれない

「少し前に一番頼りにしていた弟が急に亡くなったの。病気だったから仕方ないけれどあっという間のことですごく落胆してしまって悲しかった。夜も寂しくて寝られない、ご飯も食べたくなくなってしまった」

「その時初めてショートステイを使ってもらったんですよね」

「そう、誰かがいるって本当にいいと思ったわ。本当にそう思った。だからね、子どもでもない姪やいとこの勧めをありがたく思って引っ越すのよ。わたし、子どももいないしそういうのが私の運命だったのかもしれないって思うわね…」

良くも悪くも

「そうですかあ、運命ですか…そう言ってしまうとそれでみんな終わっちゃうじゃないですか…」

「だから、もう、92歳なんだし、振り返ってすべては運命だったって思ってもいいでしょう。すべてそんな気がするのよ。どんなにいろいろやってもうまくいかなかったことだってあれば、今回みたいに姪やいとこの近くにいい家がさっさと見つかってしまうこともあるのだからね。もう、そういうことに逆らわないってことにしたわけ」

「逆らったこともあったのかしら」

「そりゃそうよ、若い時はね。何でも自分の思い通りにって思っていたから。今思えばそうなったことも、ならないことも若い時の運命みたいなものだった気がするけど」

自分の生きた道、これからの道

92歳まで生きてふっと後ろを振り返った時、すべては運命だったんだわ！と思うRさんの気持ちもわ

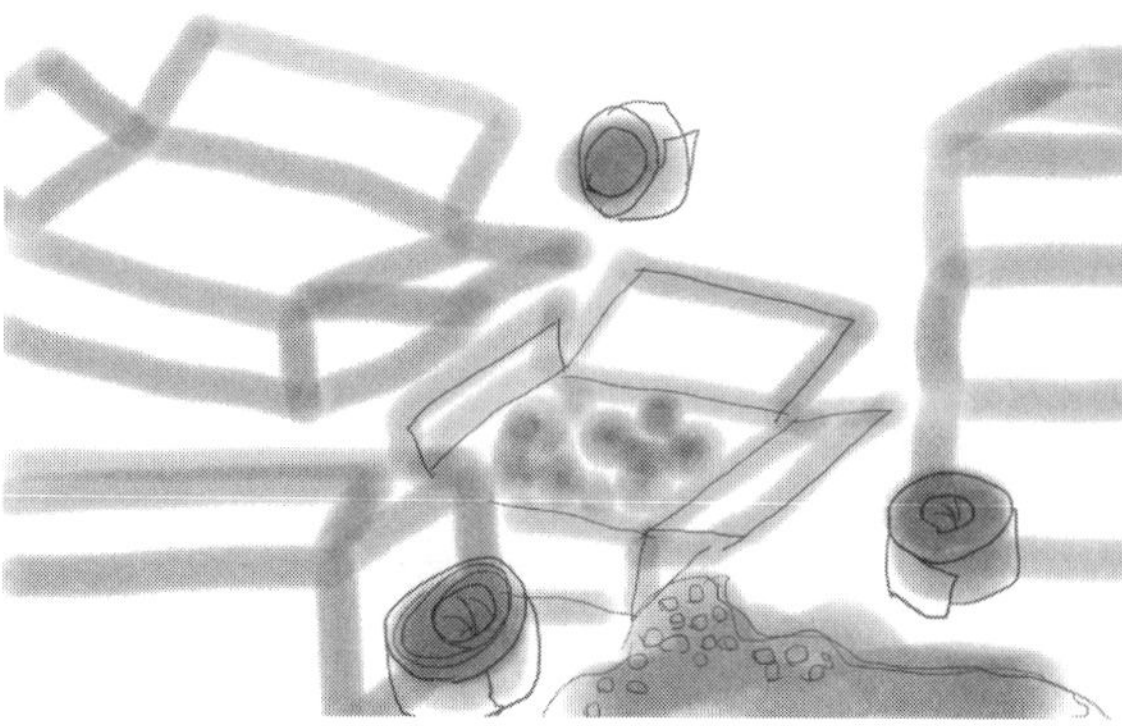

からなくはないなあ、と思った。そうやって振り返ってみられるところまで元気で生きていたいなあと思う。

少し前の職業婦人であり、おしゃれなOLであり、自分で決めて自分勝手に生きてきたところもあるRさんである。夫が生きていたらね…とたまに言うが、そうであっても自分は自分だと言いそうな気がする。

だから、本当のところ、今回たまたま姪やいとこの近くに引っ越すのだが、「施設にはいかないの、今まで通りに一人で暮らしていくのよ。ヘルパーさんもいらない。まだ、お風呂も自分で入れるから大丈夫なのよ」とおっしゃった。

この「意志のある発言」も彼女の言うように「運命」なのだろうか。ちょっと違うぞ、という気もしなくはない。

どんな時も人は人を支えている

Mさんがグループホームに入って半年がたった。80歳後半で一人暮らしだったたし、認知症の症状もあったので、グループホーム入所の提案をしたときはご家族とはすんなりと話が進んだのである。しかし、Mさんは納得しなかった。さすがにご主人を看取ってのち一人暮らしを続けてきただけのことはあった。

どうして私が…

「どうして私がそんなところに行かなくちゃいけないの。ここに家があるのに。何でも自分でやっているし、ここにいてもいいでしょ、そういうところに行くのは嫌いなのよ。デイサービス？ あれは仕方ないから行ってるだけ」

娘さんたちが一番心配したのは、デイサービスから帰ってきてしばらく一人でいる時間だった。夕ご飯のヘルパーさんが来るまでの時間が一人でいることの中で一番不安だったようで、ヘルパーさんが来ると泣いていることや暗い玄関先で座っていることもあった。

一人にならないように

一人でいる時間を少なくしたい、呼べば誰かが来るという環境の中にいたら寂しさも忘れられるし、その方が本人にとっても安心ではないか、それは娘さんたちが繰り返し考え、本人とも何度も話し合ってきたことだった。

それでもMさんは納得せず、見学に行っても「早く帰ろう、こんなところは嫌」と言った。理解する気持ちも力も少しずつ弱くなっていたように思う。感情的になったり、忘れてしまったり話のつじつまが合わなかったり、一人暮らしはかなり難しくなってきていた。

この家を改築するというウソ

娘さんたちは疲弊していた。正しく伝えて納得して行ってほしいと誰もが思ったが現実はそうではなかった。それなら

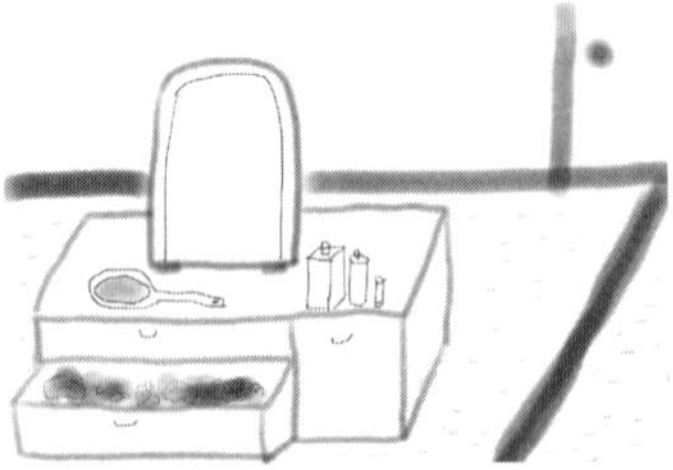

ば少なくとも、笑って出かけられて笑って迎えられて、やさしく対応してもらえる気持ちよさを最善の気遣いとすることを申し合わせた。

だから、家を出る理由はこの際なんでもいい、「家を建て替える」でもいいし「地震で崩れてしまうのでここには住めない」でもいいとした。「この家を改築する」これを理由とした。私たちがドキドキしていたら、それは必ず鏡のようにMさんに映ってしまう。だますのではないが十分に自信を持って出発しよう。本当にダメだったらまた戻ってくれればいい、と話した。

安全と安心を何よりも優先した決断だった。だから今でもその時のことを思い出すと、これでよかったのかと思う。しかしその後グループホームに会いに行ったときにいつものように「あら、来てくれたの！ありがとう」といわれて本当にほっとしてしまった。その時もいろいろ話したが、つながる話もあれば、いったい何のことかしら、とわからないことを一人で話していることもあった。

部屋に入ってきた人

半年が過ぎてまたグループホームに伺った。Mさんはかなり生活に慣れてきていて、食堂にいておしゃべりしていた。話している相手を「友達なの」と紹介した。

「いつも何をお話しているんですか」と聞くと
「人の悪口よ！」とすかさずに言った。
「まったくどうしようもないですね！」と笑った。
食堂から一緒に部屋に行った。びっくり。ベッドに座っている人がいた。
「どうしたの。何かあったの」と驚きもせず優しく尋ねたのはMさん。その小柄な高齢の女性もグループホームの入居者のようだった。
「なにもない。かった。話ししようと思って…」とそのあとは何を言っているかわからなかった。スタッフがきて、「あら○○さん、ここはMさんのお部屋よ！」といって
一緒につれていった。出ていくときにMさんがそっと手を握った。

見たことのない姿

「どなたなの？」

「最近来た人よ。なぜだかいつも部屋に来るの。それでよく話すわけ。事故で頭をぶつけたって言ってた。だからかな、話も少し幼稚な感じがする。まだ若いのにかわいそうだなあ、なんとかなるといいなあと思って、元気出すように話すのよ」

「そうなの。Mさんのところにいつも来るのね」

「わたしのこと、おばさんって呼ぶのよね。誰かと間違えているのかもしれないけれど、人生本当にいろんなことがあるからね」

思いがけずしっかりとしたMさんの対応にも驚いた。Mさんはいつも支援を必要とする人で、ケアチームは細かく細かくMさんを見守ってきていた。Mさんが誰かの相談役になることなど思いもかけないことだった。

人は支援する、されるに固定されない。どんなに支援の必要な状態にある人も支援する立場になることがある。そうやって私たちは生きていることを想った。それは私たちが見たことがなかったMさんの持つ一場面だった。まだ、こんなに力があるんだ、と改めてMさんを見つめた瞬間だった。

正義という仮面

このごろは以前のように、ちょっとしたことに腹を立てたり、カチーンとくることも少なくなりつつあった。冷静に仕事してるなあ…と自分の毎日の仕事を思ったりしていた。

しかし、最近の腹の立つことは以前よりレベルが高い。

急な骨折

Lさんが入院したのはお正月明けだった。ショートステイ先で突然歩けなくなり、緊急に受診し検査したところ骨折だった。手術のためには転院する必要があった。

Lさんにかかわっていた地域包括支援センターの職員と、ケアマネジャーが医師からの病状説明に呼ばれた。Lさんは息子と二人暮らしで、半年以上前から虐待事例としてかかわったケースである。ショートステイを利用しながらなんとか息子さんとの生活を立て直していくところだった。息子さんも立ちなおって、親子での生活もまた始められそうだった。しかし病状説明に息子さんは呼ばれなかった。

病状説明

「手術をしてくれる病院についてはこちらで探すから、家族にはそちらで説明しておいてくれますか…」と医師は言う。

「…本人には話していただけましたか」

「今朝、話した。手術しないと歩けなくなるって言ったらするって言ってた」

「骨折したことについて、息子さんには…」

「君たちが言うべきでしょ…」

「えっ…ご家族も先生からお話しを聞きたいと思いますが…」

「虐待ケースでしょ、こんなケースどこでも受けないでしょ。だからうちで受けてやったんだよ。家族のことはそっちがやることで、かかわらなくていいっていうから入院させたんだから」

「えっ…」

「どんな家族か知らないけど、君たちから話しておいて。とにかく転院させるから」

全く驚きだった

病状説明の部屋を出て、地域包括支援センターの職員と私は驚きに口が空いたままだった。「あんな言い方を平気でするのね」と二人とも思っていた。

その病院の方針には「差別のない平等な地域包括ケアの探究と実践をすすめます」とうたわれていた。全く驚きだった。

入院のチャンスに

もう一人、Hさんの入院で久々に腹がたった。

Hさんは私がケアマネジャーを担当するPさんの息子さん。精神疾患があるがなかなか受診につながらなかった。

「洗面所で横たわっていて動けないみたい、どうしたらいいのかしら」とPさんから電話があった。すぐに行ってみると確かに動けない。

「Hさん、救急車呼んでいいかしら」

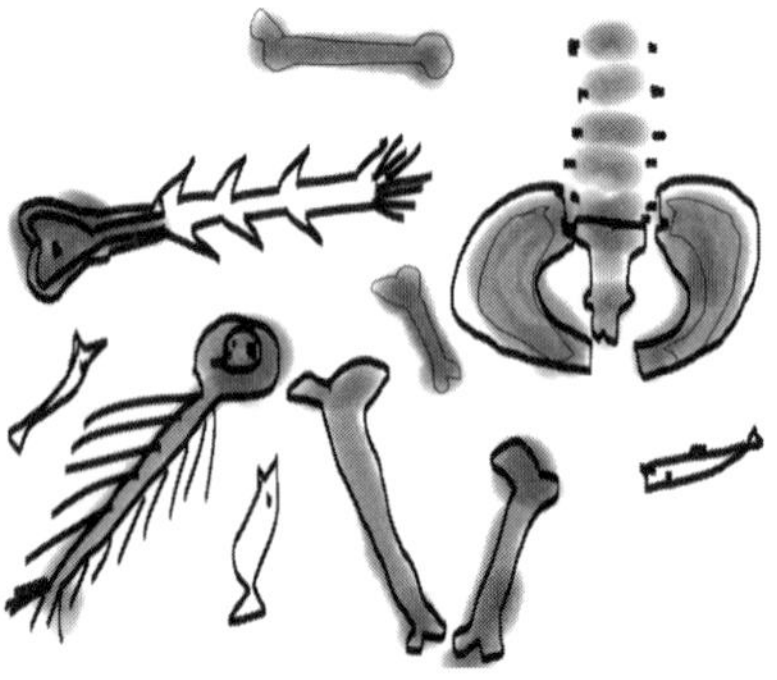

「いらない。救急車って公安だろ、呼ばなくていい」Hさんはいつも公安という。「でも動けないでしょ、病院に行ってまたすぐに帰ってくればいい。だから呼んでいい？」

「いいよ」と返事をもらった。できたら、このまま精神科受診につながるといい

…と思っていた。

暴れた

救急隊が部屋に入る前に精神疾患があることを伝えた。思った通りHさんは救急隊をみて興奮した状態になった。普通に言えば「暴れる」ということになるかもしれない。救急隊の男性3人が押さえつける形になった。

Hさんが大きな声を出すたびに、Pさんも泣きそうな顔だった。「とにかく病院に行かないと、どうして倒れてしまったのかわからないから」と私はPさんに話した。「入れる病院があるのかしら」とPさんも心配した。

おまえもか！

暴れるから両手を捕まえられてしまっているのか、横たわった体を押さえつけら

れているから暴れているのか、Hさんの状態は尋常ではなかった。
近くに行って手を握った。

「Hさん、倒れて起きられないから病院に行くってさっき言ったよね、だから救急車呼んでいいって言ったよね」と聞いた。「うん」と答えた。がそのあとすぐに隊員に「おまえら公安だろ」と噛みつくように言った。「違いますよ」と返事が返り「嘘をつけ」とまたHさんの腕が伸びた。私の横にいた隊員が、その時力ずくで両腕を抑え込み「落ち着いて、落ち着いてください」と自分の膝を寝ているHさんの腹に押し当てた。

そんなやり方したらHさんが痛いでしょ。人権を踏みつけるな、病人なんだから、と私は自分の肩でHさんをかばった。落ち着いてなんて言ったってだめなんだ。なんでわからないんだ。今落ち着いていないということが自覚できないことが病気なんだから。と私も涙が出そうになっていた。

ふたつのできごとに思った。

自らの仕事を全うしようと振りかざしている「正義」をもう一度見直す、という「勇気」を持たない限り、無意識に偏見と差別の中に甘んじていることに気がつかない。そういうときに一番怒りを感じる自分をこの頃やっとわかりはじめた。

多職種が協働する相乗効果

「わたし頑張ります、また夫と暮らしたいから」奥さんがしっかりとそういったので、在宅生活の準備が始まった。息子さんと私と奥さんと、まだ何も整っていない住宅の一室で話をした。これからこの部屋が生活の場になる。息子さんの近くに転居し、そこに老人保健施設から退所する夫を迎えることになった。

私は夫と暮らしたい

老人保健施設からの退所時のカンファレンスで伝えられたいくつかの項目に、私はうーん、大丈夫かなあ…と不安になる気持ちがあった。

嚥下困難あります。食事はペーストです！食事全介助です！薬は錠剤をつぶして食事に混ぜてください！排せつは定時に声掛けトイレ誘導、一部介助です。しかし、奥さんは「できると思います」と気丈に答えた。「夫と暮らしたいから」と言ったその気持ちを変えることはなかった。

みんな来てくれるの…

「準備をしましょう」と私は言った。これからの生活のために何が必要となるか、息子さんが心配していることも考慮して最初はいろんな人に手伝ってもらう事になると思うのですが、だんだんできるようになれば、削っていくこともできますと話した。

かかりつけ医はどうする？訪問してもらえる医師がいます。薬はどうする？医師と連携して薬を届け、説明してくれる薬剤師がいます。

食事はどうする？ペーストって作れるの？

口の中、入れ歯について、訪問の歯科医師がいます。また飲み込みの訓練や発声の練習をするのは訪問の言語聴覚士がいます。ペーストやとろみの作り方は訪問の管理栄養士が教えます。

「みんな来てくれるの？」と奥さんが聞いた。

「来てくれますよ」と私が答えた。

入浴はデイサービスにしましょうか？ペースト食で対応してくれるデイサービス

でお風呂に入れてもらいましょう。

「喜ぶわ、夫はお風呂が好きだから」

デイサービスへの朝の準備は大丈夫かしら？最初はヘルパーさんに手伝ってもらいましょう。そのうちきっと奥さん一人でできるようになります。

トイレ介助もできるかしら……福祉用具をそろえましょう。動作の確認と動きの訓練を訪問の作業療法士さんが見てくれます。

奥さん頑張っていますよ

Bさんは在宅に戻ってきた。72歳、脳梗塞で倒れて病院に運ばれその後リハビリ病院、老人保健施設に暮らした。一年以上が経っていた。片まひと失語症が残っていた。

久しぶりの奥さんとの生活だった。食事のこと、トイレに連れていくこと、デイサービスに送り出

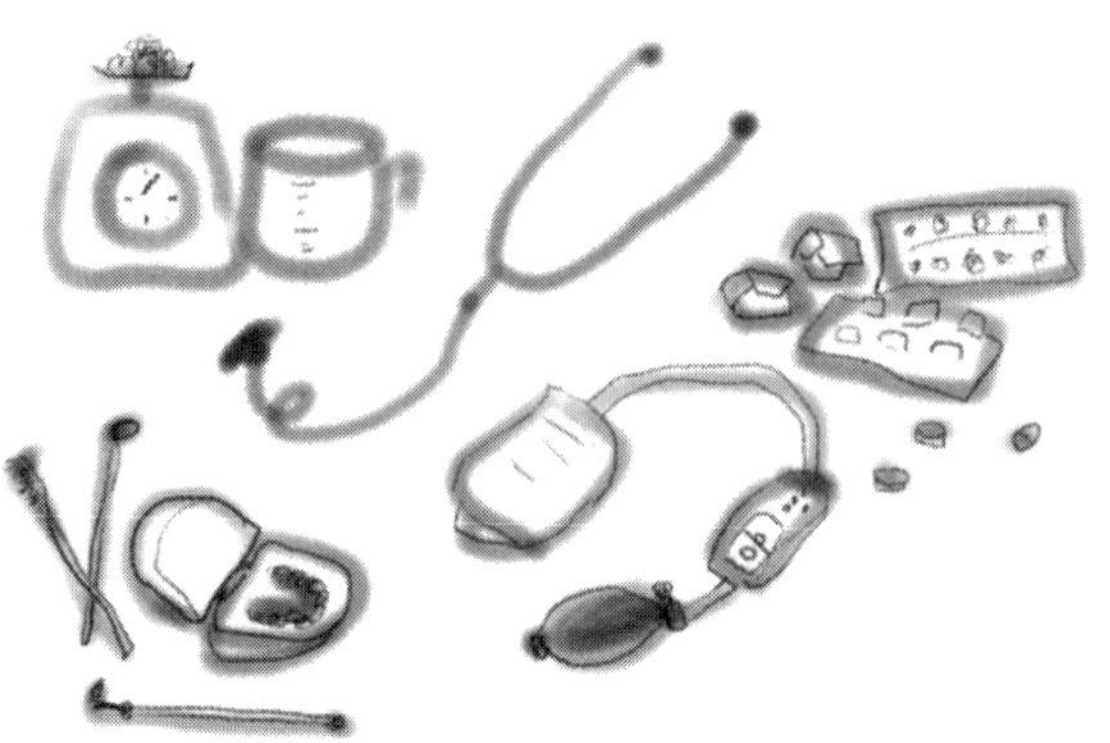

すこと、奥さんは一生けんめいだった。かかわる主治医や管理栄養士やヘルパーさんたちが「奥さん頑張っていますよ」と口々に話した。

食べることからの波及

管理栄養士の訪問によって一カ月もたつと奥さんはペースト食やとろみの飲料など、食事についてかなりできるようになった。「今日はジャガイモをつぶしてスープにするの。ほうれん草もゆでてミキサーにかけると食べさせやすいのよ」食べることがしっかりできるようになると、Bさんに元気が出て体力がついてきた。

在宅生活を始めるときに福祉用具を整えた。自宅に戻ってから福祉用具専門相談員と作業療法士が動線の確認と共に、本人の使い勝手を確認した。

作業療法士がベッドからの立ち上がりの訓練や車いすへの移乗の手順を教えた。体力のついたBさんは少しずつできるようになり、奥さんの負担が減った。

会話した!!

「まだまだ飲み込みは完ぺきではなさそう。注意してやってくださいね」と言語聴覚士から言われ、思わずあれもこれも食べさせたい奥さんはいつも身を引き締める。呼吸の訓練をしながら発声を促して、すこしずつ会話ができるようになってきた。

今日挨拶しましたよ、Bさんからお礼のことばをいただきました、表情が豊かになってよく笑ってくださいます、とデイサービスや訪問の薬剤師やヘルパーからも話が出た。

多職種が関わる相乗効果

しかしそううまくはいかない。ある日デイサービスから連絡があった。「ゼコゼコしていて痰が絡んでいます」誤嚥性肺炎が疑われた。ああ、やっぱりそうなってしまったのか…と簡単に落胆したのは私だけだった。

デイサービスから主治医に連絡して訪問。薬剤師と連携して夕方には抗生剤のお届け、服用。管理栄養士から電話があり再度とろみの徹底。翌日は作業療法士の訪問日、バイタルチェック異常なし。その次の日は言語聴覚士の訪問で飲み込みの再確認。歯科医へ報告。

「大丈夫、みんなが来てくれるから…」と奥さんに言われた。連携が整っていることは何より家族の安心につながっていることを思った。

パソコンのウイルス感染

それは本当に一瞬の出来事だった。うかつにさわったメール添付のファイルによってパソコンはあっという間にウイルス感染した。もちろんすべてのファイルは読めない文字に置きかわった。

あぁ……だめかも

これはもうだめだなあ…と思いながら、それでもなんとかならないかなあ…とほんの少しの希望をもって、パソコンのヘルプデスクに電話した。24時間対応でのサポートを契約してあった。

もう、どうやってももとに戻らないデスクトップの画面を見ているより、人の声を聴いて今の状態を声に出して伝えることのほうが気持ちが楽だった。ヘルプデスクの担当者が特別優しかったわけではないのに、困っていることをわかってもらえることだけでも救いだった。

それから7時間…

電話対応してもらいながら、いくつかの方法を試して、結局どれも解決に至らなかった。そこまででも三時間くらいかかった。その後パソコンを初期化することとなった。うーん、やっぱりそれしかないか、と思いながら、パソコンの中にあるバックアップをとれていなかったデータが惜しまれた。

初期化にも時間がかかった。長い時間がたって初期化が終了し再起動したが、もう一度立ちあげた画面からまだウイルスが消えていなかった。結構ショックだった。ヘルプデスクと再度話して出荷時の状態に戻すことになった。

初期化と出荷時とどれほどの違いがあるの

か、なんだかもう食いつくように質問していた。「でも、やってみましょう。それでだめなら修理に出してください。引き取りに伺えるのは最短で明後日です」といわれた。

大きな喪失感

出荷時の状態に戻したのは感染時から7時間後だった。そこで初めてウイルスは消えた。いつの間にか深夜だった。元に戻ったパソコンのデスクトップは、なんだかすっきりとしていたけれどさみしかった。もうそこには、いくつかのデータは跡形もなかった。

一週間前の連休には桜が咲き始めていて、暖かだった。窓越しに外を見ながら、報告書のデータの整理をしていた。もう少しだな…と思えるほど何とかまとまりがついてきていた。そのデータもバックアップができていなかった。

電気仕掛けの機械

翌日、職場のデスクで普通に立ち上がるパソコンをぼーっと見ていた。こんな電気仕掛けのものはいつ真っ暗になってもおかしくない。そんなものに結構依存している毎日なんだなあ……とつくづくと思った。

その翌日は出張して座談会だった。「パソコンがウイルス感染して大変でした」とこそっと言うと「えっ……でも小島さんがウイルス感染しなくてよかったです」と言われた。30年前にパソコンのことでお世話になった方だったから「アカウントを変えたのでソフトのインストールもうまくいかないの…」と話したら、「それはカスタマーデスクに電話して事情を伝えるしかないですよ」とあっけなく言われた。

やっぱりそうよね、電話するしかないよね、と私も思った。

相談は人でしかない

電話するしかないんだ、人に相談するしかないんだ、と当たり前のことを確認した。ソフトのインストールについては3時間くらいの電話となった。それで、なんとか使えるパソコンになった。

電話対応の相手はだれもが、ウイルス感染で失意のどん底にある私の気持ちを理解して冷静で丁寧な対応だった。私は結構いらだったり、どうにもならない悲しみのようなものを吐露したりしながら作業をつづけた。

私が感染してしまってはいけない……本当にそう思いながら、人と話すしかないんだということをしみじみと感じていた。

人を救う対話のために

マニュアルとかQ＆Aとか、インターネット上で探すことができるものはいろいろあるし、そういうものを見ながら解決できることもいくつもあるだろう。しかし、ウイルス感染のその時の気持ちの動転や失意は言いようもなく、その気持ちを自身でコントロールしながら解決を探るのは至難である。人が困ったときに相談したい相手はやはり「人」なんだと実感する。直にしゃべって直に返答して、その対話こそが「相談」といえるのだろう。答えだけでない気持ちの落ち着きや、冷静さを取り戻していく過程を作っていくのは「人の声」なのかもしれない。

私たちの仕事も「相談」を基盤としている。困難な状況を理解することが解決への第一歩となるような「対話」を改めて模索したい。

忘れてほしくないこと

一人暮らしで身寄りがないなら…まずは安全が第一だから…一日の食事がしっかり確保されて、お風呂に入ってゆっくり休めることが大事だから…と私たちは考える。そのことを理解してもらえたらいいけれど、理解してもらえなくても安全の確保をどうしても第一に考えることになってしまう。

うたいつづけた…

いろんなことを瞬間に忘れてしまうSさんと私は、その日グループホームに併設されたデイサービスの部屋にいた。オルガンを弾くボランティアさんが来ていて、手元に配られた歌集から順番に好きな歌をリクエストして歌っていた。

はぁるのおがわはさらさらいくよ…春のうららの隅田川上り下りの舟人が…夏も近づく八十八夜…夏がくれば思い出すはるかな尾瀬遠い空…若く明るい歌声に雪

崩は消える花も咲く…と立て続けに何曲も歌った。次から次へとリクエストは続いた。

まりをついたわね…

私は何となく苦痛だった。だからほとんど聴いていた。でもSさんが「この歌知ってる？小学校の時うたったよ」「これは母が好きだったのよ、一緒に歌ったことがある」と曲ごとに話しかけてきたので私も何となく一緒に歌いだしていた。

あんたがたどこさ　肥後さ　肥後どこさ熊本さ　熊本どこさ…「これってまりをついて足をくぐらせて歌たったよね」「そうね、わたしもそれやったことあります！」「なかなか続かないのよ。まりがとんでいっちゃうのよね。なんだか楽しいわね、こんなに

楽しいのは久しぶりよ」

ほんとうに楽しくなってきた

どれほどの曲を一緒に歌っただろう。私はなんだか不思議と歌うことが楽しくなっていた。Ｓさんは今日初めて会った方にも思い出話を話している。「これは天津にいるときうたったわ」「中国にいたんですか」と会話が弾んでいた。

Ｓさんは生まれてすぐに家族で中国の天津に行き、小学校まで中国にいたという。天津の話はよく聞いた。「もう一度天津に行ってみたかったの。もう変わってしまっていると思うけど。そんなに言うなら一緒に行こうな、と約束していた夫は先に死んでしまったのよ」この話はほんとうに何回も聞いた。

忘れる毎日

Ｓさんは瞬時に忘れてしまうほど短期記憶が維持できない。洗濯機の中はもう何回回ったかわからない洗濯物でいつもいっぱいだったりする。調理ができなくなって、食事は作らないが買い物はなんとかできるからコンビニまではいく。冷蔵庫は買ってきた同じものでいっぱいになっていた。部屋の中は片つけられなくなっていてヘルパーさんが着替えや下着を探すのにも苦労した。もう、一人暮らしは限界かな…と誰もが考えた。

自分で決めて来る人はいないです

グループホームに空きができて、Sさんをそこに移すことを考えた。しっかり説明して連れていくのは難しかった。でももう自宅に一人暮らしは無理だろう…と遠い親戚の方にも了解をいただいた。うまくいったら、このままここに今日からでも泊まってもらっていい、という計画を立てた。

グループホームの方とは何回も会って話をしSさんにも会ってもらった。もちろん瞬時に忘れてしまって「今の人は誰だったの。どうしてうちに来たの」と聞いた。「グループホームに入居される方たちは自分で決めて来る人は誰もいないんです」そう言って帰った責任者の言葉は印象的だった。

覚えていてほしいこと

桜が咲いたころにSさんと公園のベンチで話した。いろんな話をした。天津のこと、学生結婚した夫のこと、施設に入っている息子さんのこと。「障害があるって言っても一緒の暮らしは楽しかったわよ。気持ちがほっとするのよね、家族よね…」と話した。私もSさんと話していると気持ちがほっとすることがあった。風が花びらを舞い上げた。「きれいねぇ。また、Sさんと公園に来たいなあ」と私がいうと「そうね、また来ましょう」と言った。

デイサービスで歌い終わってからグループホームに移った。その日からグループホームに入ることになった。夕ご飯の時間になってSさんを食堂に送った。私はそこでSさんから離れて黙って帰ることとなった。これでお別れだなぁと思うとやっぱり悲しかった。ガラス越しに食堂を覗いた。Sさんは少し不安そうだった。でも隣の人と話しながら食事をしていた。もうすでに、今日一緒にうたったこともすっかり忘れてしまっているかもしれなかった。

私には忘れてほしくないこともたくさんあった。でも、忘れるからこそこれからの生活ができるのかもしれないと思った。それ以後Sさんを訪ねていない。でもとても会いたいなあと思うことがある。

まちゼミの季節

私たちの事業所は駅に続く商店街の中にある。隣は安売りの衣類の店、その隣は大安売りの八百屋さん。10時を過ぎるころには商店街は活気づいてくる。その中を私たちは自転車でびゅんびゅん飛ばして走る。十メートルおきくらいに、おはようございます！とかこんにちは！と見慣れた人たちに挨拶しながら。

花屋が来る

事業所は美容室だった建物を最低限の改修をして使っている。だから入り口は玄関というよりお客さんが入りやすいまさに入り口であって、ピンポンもない。

「こんにちはぁ、花屋です」といって勝手にドアを開けて立っていたのはちょっと年配の女性だった。エプロンをしてつばの広い帽子をかぶっていた。

「花はどう?鉢植えだよ。安くしとくから買ってくださいよ」

その時みんな出かけていて私は一人だった。

「誰もいないし、ここは事務所だから花はいいわ」

「じゃ、あなたのおうちにどう？安くしとくから」

「いいです。うちに持っていくのは大変だし、水やるの忘れるし……」

「買えばいいのに、安くしておくのに……」

しぶしぶという感じで花屋さんは扉を閉めた。その顔は怖かった。

托鉢が立っていた

花屋の話を訪問から帰ってきた同僚に話した。

「それ、安くないのよ。おまけにいい花じゃない」

「どうしてわかるの？」

「少し前、私は買ってしまったのよ。負けちゃったのよ。花を台車に乗せて引いてきた人だったでしょ。その人よ。でもその花は傷んでいたし、値段も安くなかった。でも花くらいならどうってことないよ。この前なんかトントンってノックするから開けたら托鉢が立っていたの！」

「えっそれでどうしたの」

「なんだか、思いっきり息をのんでしまったのよね。これはもう仕方ない、と思って少しお金を入れました」

お弁当あります??

「トントンってノックするのはまだ礼儀正しい。私が遭遇するのはノックなしで扉を開けてくるひとばかり」

「でも、困っている人が来る場合もあるし、仕方ないよね。来る人をこっそりのぞいてみて居留守を使うのもあんまりいい気持しないしね」

「そうね、この前は困っていた人だった。ここをお弁当の業者と思ったみたいで、お弁当頼めますかって扉を開けてきたの」

「お弁当試食会を2月にまちゼミで

やったからかしら」
「そうかもしれないねえ。お弁当屋さんではないけれど、宅配のお弁当に関しての資料はあるから持っていきますか？と聞いたら、ほしいということで渡したの。全くいろんな人が来るのよね」

まちゼミの季節

何度か紹介しているが、商店街連合会が行うまちゼミは2月と6月に行われ、毎回参加してきている。6月はまちゼミの季節。今回は熱中症と水分補給をテーマに経口補水液やとろみのついた飲料など10種類を飲み比べる催しを行った。

こんな簡単な情報提供でいいのかしら…というようなことでも近所の人たちは知らないことが多い。入り口の扉を開け放ち、小さなテーブルを置いて行った試飲会はご近所さんや近くの接骨院に来た高齢者の方などが顔を見せてくださり、世間話をしながら飲み比べた。美味しいの、まずいの、とろみはいらないなど年齢によってもご意見さまざまだった。

熱くなりつつある日差しの中で、提供品を一本ずつお土産にして渡した。
「托鉢の方が来たら、今度はこれを渡そう。熱中症予防ってことで」と話した。

八百屋もやってきた

その後、「行商の八百屋です」も扉を開けた。

悪いものをもってきているわけではなかったが、ちょっと高かったし、隣の隣にある安売りの八百屋さんに遠慮なしにこの路地に入ってきたことに驚いた。

「ここは事業所だからいらないわ」というと案の定「じゃ、個人的にどうですか」と聞かれた。「私はいらないわ」というと、奥の方に向かって「そちらのお姉さんはどうでしょうか」と声をかけた。

確かに事務所の奥の方に私より若いスタッフがいたが、「わたし、おねーさんじゃないからいりませーん」と返事をした。

商店街の毎日は本当にいろいろなことがある。

簡単にやめられない

Tさんは介護保険の要介護認定の「要介護1」と「要支援2」を行ったり来たりしている。左ひざ関節の手術をした時、ちょうど認定調査があり「要介護1」となった。自宅に戻ってしばらくリハビリを続けて、次の更新申請では「要支援2」となった。続いて右ひざ関節の手術をしてまた同じことが繰り返された。それほど変わらないのだけど「どういうことかしらねぇ…」と不思議に思っている。

おっくうなの…

「今度はまた要介護1となると思うわ」という。「だって、この頃掃除するにもやる気になれない、何かしようと思うと大きな決意がいるの、それでやっと掃除してみると今度は疲れちゃうし…」「億劫になってるのよね、もう、家の中なんか汚くてもいいいって思っちゃうの。この心境の変化はまさに老いていると思う」

Tさんは自宅で長く茶道の教室を開いてきた。週一回、午前と午後に生徒さんが来ている。お茶席のお菓子は商店街の和菓子屋さんがそのために季節感のある生菓子を手作りしている。

Tさんはひざの手術をしてから正座ができなくなったので、椅子に座って指導する。

「このお茶も大変なのよ。終わったときになんだか疲れたなあ…と思って、もう何もしたくなくなるの。やめようかなあ…と思うのよね」

あの人がいなかったら続けていない

「子どもたちが働くようになって、自宅にお茶室を作って始めたのよね。こんなに長くするとは思っていなかった。ずっと来ていた人のご主人が大島に転勤になってこられなくなったの。その時もそろそろやめようかなあ…と思っていたころだった。それが三年ほどたったら、東京に戻りましたのでまた伺っていいですか、というお手紙が来たの。ああこれは続けないといけないなあ…と思ってやめるわけにはいかなくなってしまった。その人は今も休みなく来ているの」

面白かったけどね

「お茶っていろいろお道具が必要でしょ、器も欲しくなるし、花器も欲しくなる、季節に合わせたり、好みに合わせたり、好きだったからたくさんそろえた時もあった。それも楽しみだったなあと今は思う」

「だから今も、準備をするのはそれほど苦ではないのよ。掛け軸もお花も、お茶碗も今の季節感のあるものをいろいろ考えることは好きだけど、なぜかしら…終わったときの疲れがもう何もやりたくないって感じなの」

自然消滅できるといいけど

「ひざの手術の時はお休みしたけど、また再開できた。みんなのために続けようって思う時もあったから正座できなくてもなんとかやっている。誰かが、先生辛そう

だし、もうお教室やめてもいいんじゃないですかって言ってくれたら自然消滅していいんだけど。でも今はどっちかっていうと、先生頑張っているから私たちも休まずに来ますって感じなの。みんな楽しそうにやっているし、それぞれに年を取ってきているけれど、いろんな話をするし。楽しみにしている時間って気がする」

これはデイサービスですね！

ずっと話を聞いていて、私は言ってしまった。「このTさんの教室は、まさにデイサービスになっているんですよ」

そうしたらTさんも、「私もそんな気がするの」と言った。そして「みんな高齢になってきたから余計にやめないって気がしたの。確かに私にとってもいい時間なのよね。これがあったから私の毎日も退屈しなかったと思う」と続けた。

「ということはやめない方がいいですよ、まだ。終わったときに疲れているなら、すぐ寝るっていうのはどうでしょう」と言うと、「そうねぇそれいいわねぇ、でもそうもいかないのよねぇ」

「じゃ、どなたかに手伝っていただくっていうのはだめですか」というと「そういうのはお弟子さんをとるってことだから、今更無理なのよ」ということだった。

「だから、やめるなら定年みたいに年齢で区切ってやめるってことしかないのかしら…」

「というのは、例えば85歳になったらやめるって決めておくということですか…」

「だめかしら…」

「それ本当にできますか…しばらくはやめない方がいいです。いつかその時が来るって思っていた方がいいんじゃないかしら」

簡単にはいかない

始めてしまったことをやめるのはそう簡単なことではない。しかし、始めてしまったことは、年月とともに少しずつその内容が変化してきて、いろんな意味合いが生まれてくる。自分のネットワークを持つとか、つながるものを持つことの大切さがそこにはある。

厳しい決定

誤嚥性肺炎をおこして入院したCさんは、翌日から「病院は嫌いだ、帰る」と言って奥さんを困らせた。抗生物質の点滴で状態は安定したが、食事量も少なく、水分も十分でなかった。そもそも病院の食事を食べようという気はなく、奥さんが持ってくるアイスクリームを少しだけ食べた。入院中の顔は険しかった。

医療側からは「もう少し食べられるようになったら退院できます」と伝えられたので、それからCさんは少し努力した。

空気が違うよ!

退院して自宅のベッドの戻ると「うちはいい」と言ってにっこりとした。「何が違いますか」と意地悪に聞くと「空気が違う」と言った。そしてよく寝た。しかし、微熱は続き食欲はなかった。持病もあり歩行はほとんどできなくなっていたから、排せつの世話も奥さんがすべて引き受けていた。

「おむつのことや、体をふくことも、どうってことないの。それよりも何とか食べてほしいのよね」と、奥さんはCさんが好きだったいろんなものを買ってきたり、食べやすく作ったりしたが、どれも一口二口で終わった。食べない、というよりは、食べられない様子もあった。アイスクリームだけは何とか食べた。

得意技は染み抜き

Cさんは長年クリーニング店を奥さんと二人で営んできた。最初の病気がわかって数年後に店をたたむまで、地元で40年以上店をつづけた。地域のたくさんの人たちから、お店がなくなると困ると言われたが続けるには身体が追いつかなかった。「しみ抜き得意だったのよね。しっかり抜けないとどこまでもいろんなやり方を追求しちゃってね、頑固だったのよねぇ」と奥さんは言う。「近所の人たちが大事

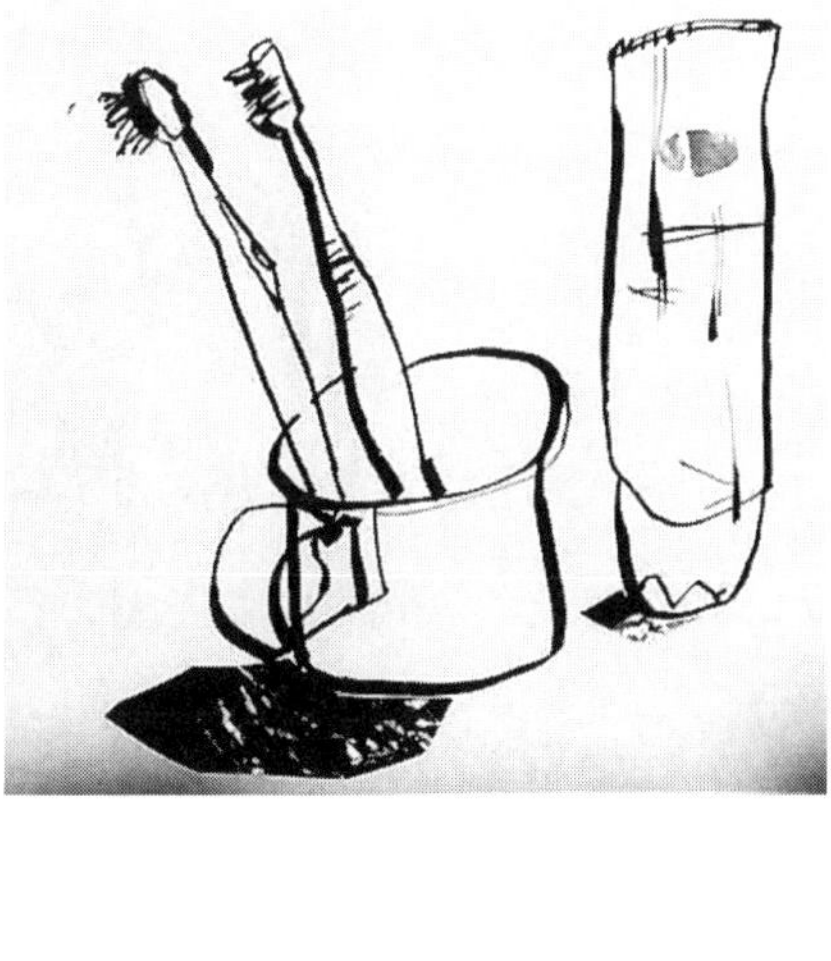

な洋服に何かつけちゃって困ったときには、俺が何とかしてやるって、本当に一生懸命きれいにして返した。若い時にはよく働いたわ」

褥瘡《じょくそう》のための栄養

退院時にちょっと怪しいな…と思っていた仙骨部が褥瘡になってしまった。訪問看護のスタッフも頑張ったけれど、やはり栄養が足りないなあ…と訪問の医師に言われて、鼻腔からのチューブでカロリーの補給を行った。

Cさんは胃ろうはどうしてもいやだと言っていたので、しばらくの間だけ栄養を入れてまずは褥瘡を直そう、ということには同意してくださった。しかし、なかなか良くならなかった。Cさん自身も本当に食が細くなり、言葉も少なくなって、眠っていることも増えた。断続的に肺炎の状態であり、その状況はあまりよくなってはいなかった。

チューブが抜けた日

ある日、奥さんが口腔ケアを行うために口の中に歯ブラシを入れたとき、逆流するように栄養剤を吐き出し、チューブも抜いてしまった。その時私もたまたま居合わせたので、奥さんとともに驚いて慌てた。汚れたパジャマを着替えさせて、顔と首周りをきれいに拭いたあと、とてもすやすやとCさんは眠った。その顔はほっとしたように穏やかだった

「なんだか、やっぱりチューブは苦しかったのね」

「そうみたいなの。少し前に、アイスクリーム飲み込むときも、違和感あるみたいなこと言ったことがある。もう何もかも嫌だって言ったの。だから好きなようにさせてあげたいと思う。入院は何があってもしなくていい。私が看るから」

どちらもしない

医師から、もう一度チューブを入れるかもっと安全な胃ろうにするかの話があった。Cさんは今までも「胃ろう」については問われていたので、たぶんいろんな思いを巡らしていたと思われる。

その日医師はCさんの手を握って、「YESなら私の手を握り返してください」と言ったという。最近は特に話もしなくなっていて、言葉も出にくくなっていた。しかし、その時だけは、声を出してはっきり答えた「どちらもしない」。

それを聞いて奥さんもびっくりしたが「自分で決めて本当によかった」と言った。

飲み込みも悪くなっていて、口からの栄養はほとんど期待できず、微熱が続いていた。褥瘡もあって、この状況で鼻腔のチューブも胃ろうも拒否することの意味を本人と妻がわかっていないはずはなかった。

それは悲しいほど厳しい決定だったのに、妻も「これでいい」と言った。私には今までもこれからも二人でやっていく、という決心のように思えた。

二人の生活のために

それぞれの専門職には次々にいろんなリスクが見えてくる。ケアチームからの提案が寄せられる。早めの吸引機のレンタルも必要だろう、妻が倒れないように、ヘルパーさんによる支援も必要になるかもしれない。それらは非常に正しい予測ではあるけれど、私は何としても「二人の生活」を大切に考えようと思った。

毎日を継続するということ

Yさんは86歳で一人暮らしである。夫を介護して見送ってから10年が経つ。その間にひざを痛めて介護保険の申請を行った。要介護1となり、週一回ヘルパーさんが来る。Yさんはヘルパーさんとともに部屋の掃除をする。ほかのサービスは特に必要としていない。

ご主人の介護をしているときからかかわってきているので、Yさんの心情はよく理解している。そしてゆっくりではあるけれどYさんも歳をとっていくのだなあ、と私は感じている。

ごはん食べて寝る

「元気でしたか?」と訪問すると、「相変わらずよ、毎日ご飯食べて、寝てるわよ」という。「もう、一週間ほど出かけていないわ。この頃暑いからね」「だからぁ…デイサービスもお勧めしましたよね!」というと、「わかっています、でも自分でごはん用意して食べるだけで精いっぱいよ。これをやるだけで十分忙しい。忙しくてデイサービスなんか行けない。出かける気力もないわ」

この会話は訪問時にいつも繰りかえされ、繰り返すことを習慣としている。私もデイサービスを決して推奨してはいない。行かないことは知っている。行かなくてもいい。ご飯を自分で食べていつも通りの毎日を継続していることを確認する。

食べて寝ているか

「それで、ご飯のおかずはあるんですか?」「あるわよ」「宅配のお弁当もやめちゃったから心配なんですよ」「大丈夫、まずいからや

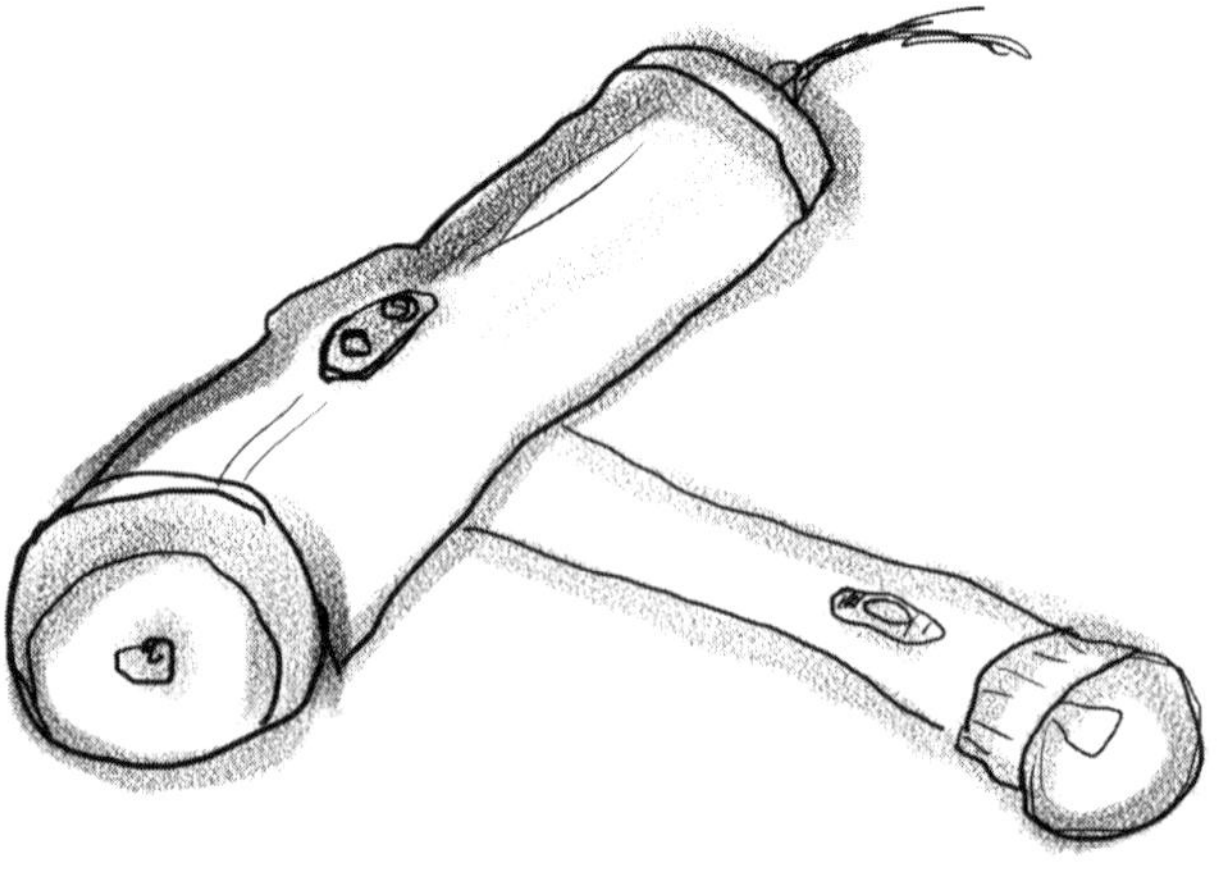

めたんだから、通販や生協宅配でおいしいもの見つけて食べているわよ。年寄りは食べることにお金を使っていいと思うわ！」

「その通りですよ！」「おいしいもの食べていないと気持ちが沈みますよね」と私も日ごろの自分の献立を振り返る。

「そんなにたくさん食べないけど、一日三回ちゃんと食べるの。温かいものをね。だから、朝食べたら昼のこと考えて、少し休んで夜のこと考えて、デイサービスどころではないわよ」

明日のために寝る

「じゃ、しっかり寝てますか？」「10時くらいまでは起きてる。いろいろやることもあるのよねぇ。でも、それ以上は起きてない。とにかくベッドに入ってしまう。夜更かしはしない方がいいの。衣類の整理とか、今日やってしまいたいって思いつくこともあるけど、そのために根を詰めて夜更かししてしまうのは間違いのもと。おまけに次の日に眠くて体調不良で半日くらいつぶれてしまうのはもったいない。そんなことはしない方がいい。明日のために寝る。あなたもそうしたほうがいいわよ」「確かに…」「でもね、結局寝ないと体がもたないってことだと思う」

できなくなったこともたくさんある

ある日訪問すると、様々な電池の入ったビニール袋を見せた。「こんなにあったのよ。今、いろんな電化製品がリモコンじゃない？で、すべてに電池が入っているわけよ。いつ電池が切れるかわからないから、昨日気が向いて電池の入れ替えを全部したの。一日かかったわ。あれもこれもいろいろ見つけて入れ替えたのよ。こういうこともやっておかないとね」

「すごいですね。でも電球の取り換えはやめてくださいよ。高いところの作業はふらついて落っこちますからね」「わかってる。それは電気屋さんに来てもらう。ほかにもできなくなったことはいっぱいあるわよ。少し前まで全部できていたけど」

それだけで十分

Yさんは夫の介護をしていた人だから、本当にいろんなことができていて何も手伝う必要がなかった。その頃は膝も痛くなかった。てきぱきと夫を介護し、家事もこなしていた。あんなに何でもできた人が、いくつかのことをすでに自分には無理だと言っている。そのこと自体に時間の流れを感じてしまう。

そして今は「三食食べて一日を過ごすことで精いっぱい」であり、「毎日の日課を無理なく欠かすことなく行う」ことを目標にしている。ここで、このことを「閉じこもり」と危惧してデイサービスなどへの参加を勧めることもできるかもしれない。しかし、私はYさんの姿は、それだけで十分に賞賛に値することだと思う。

衰えることへの支援

Yさん自身、毎年少しずつできなくなっていることを自覚するとき、本当にうつになりそうになる…と話したことがあった。やがてできなくなるという自然の摂理の中で、衰えていくものを見つめることはつらい。だから私たちも勝手な思い込みで、「がんばれ」とか「前向きになって」とか「意欲をもって」とは言えない。

気力、体力ともに衰えていくのは人が高齢化することとの逆らえない宿命である。だからその時、一番近くにいる支援者はそれを自分の将来の姿として最善の支援のあり方を考える必要があるように思う。

自分の家だから王様は自分

病院からの情報提供書には、この数週間に何が起きても不思議ではない…というようなことが書いてあった。要するに、それだけ病状は深刻であり、もう治療の方法はないということだと思われた。それでも、というよりそれなら家に帰るよ、とNさんが簡単に言ったので、私はその準備に走り回った。

退院は二週間後

先週末に呼吸が苦しくなってまた入院したの、という奥さんからの連絡を受けて、病院に行った。カニューレにはかなりな酸素量が流れていて、今までになくすやすやと寝ていた。目を開けて言ったのは、「退院は二週間後だから」ということば。あんなに咳込んでいて、しゃべることだって大変だったし、苦しくて夜も寝られないと言って目の周りを黒くしていたし、本当に辛そうだった。それを繰り返すのはご家族も見ていられないはずだ。今回酸素量が増えて、少しは楽になっているかもしれないが、そう楽観的にもなれなかった。「二週間っていうのは入院時の決まり文句みたいなもので必ずそうではないですよ」「じゃ、いつなんだ」

家に帰る

今回の病状では、もう在宅には帰ってこないのではないか、病院での療養生活の方がいいのではないかと私も覚悟を決めていた。帰りましょう、とは言えなかった。「帰れますか」と聞いた。「帰るよ、二週間だって言われているし」「じゃ、迎えに来ます。でも今度こそ訪問看護入れてください、そうじゃないと退院できないと思います」「いいよ」「じゃ、訪問の先生も」「まかせるよ」。

簡単に返事が返ってきたので、少し驚いたが、それだけ「帰りたい」というより「帰るんだ」ということなのかもしれないと思った。

やってもらうことはない

Nさんの病状は重かったから、入退院のたびに「訪問看護」と「訪問診療」の導入は検討され、以前に導入したことがあった。その時は幸運にも体力が回復して生活で困ることはなかった。「来てもらってもやってもらうことはない」と言われ中止した。

「何かをしてもらうというより、病気について話をすることでもいいんじゃないかと思うのですが」というと、「話は聞いてくれないね。変わりないですとか言われて10分で終わり。だったらいらない。そんなことは俺が一番わかっているから」

話を聞くこと、それを約束した

「そうねえ…」とその話には私も納得した。今回の退院に合わせて新たに導入する訪問看護と訪問診療にはそのいきさつを克明に説明し、導入の同意を得た。Nさんの話を聞くこと、当たり前であるがこれが最優先の約束だった。Nさんは確かにわがままで、家族に言わせても勝手な人ではあるけれど、それでも私にはNさんが言っていることは「正しい」と思えた。訪問看護と訪問診療の準備が整い退院のめどがついた。

病院内でのカンファレンス

退院前の病院でのカンファレンスでは、Nさんと奥さん、病院での主治医、退院後の医療系サービス担当者などが顔をそろえていた。やはり病状的には深刻であり、緩和病棟の話も出された。

「室内移動は車いすがあったほうがいいです。訪問看護で体を拭いてもらってシャワーは無理でしょう。トイレはポータブルトイレがいいです。食事の時は居間まで歩けるかしら、ベッドまで運びますか」

「この人、歩いちゃいけないんですか」と奥さんが聞いた。「そんなことないけど呼吸が苦しくなると思います」「ご飯は運びますから大丈夫です」いろんなやり取りの中でNさんは驚くほどおとなしくしていた。

退院したとたんに…

退院した日の昼過ぎ、訪問看護師とともに訪問した。「Nさんお帰りなさい！」

と言って玄関を入ったら、なんと、居間の食卓でご飯を食べていた。「あらっ、ここまで来られるの」「大丈夫だよ、うちの酸素のチューブは長いから」「トイレは」「行ったよ」「苦しくならないの」「いまのところはね…酸素調節してるからね」「上手にやってね」「ところで頭洗いたいんだ」「シャワーは無理って言ったよね」「大丈夫だよ」

本人が王様だから

その日はだめだったが、次の訪問看護が入る日にとうとうNさんはシャワーして頭を洗った。「もう、一カ月も洗ってないからほんとうにさっぱりしたよ」「で、大丈夫だったの」「動作中、酸素下がりましたがなんとかやりました」と訪問看護師がおそるおそる言う。

しかし私は、在宅ではいつでも本人が王様なんだなあ…とつくづく思った。本人が決めるということは在宅でだからこそ成り立つような気もした。たぶん、Nさんは、浴室内動作中もシャワー中もひどく苦しかったに違いないのだ、でも、シャワーして頭洗いたかったのだ、と思うとなんだか「これでいい」と思える。どんなにリスクが高かったとしても「これでいい」と思えた。

王様は希望を捨てない

前回書いた王様のお話の続きである。

Nさんは退院後も時間が経つにつれて状態がよくなかった。もう結構厳しい時期なのかもしれないと誰もが感じ始めていた。頓服として持っていた痛み止めの薬を飲むことも多くなり、全体的に薬の量が多くなった。鼻にカニューレをつけた酸素の量もかなり上げていた。肺がんの末期だった。

緊急時は電話してください

訪問診療は定期的な訪問を含めて24時間体制の医療支援を行っている。様態が悪い時にはいつでも電話連絡が取れる体制である。いくつかの薬も常備薬として在宅に置いてあり、緊急時に医師の指示で飲むこともある。あるいはその薬を飲んで医師の訪問を待つ、ということでもある。

退院してきた時に、Nさんにそのことはしっかりと伝えた。「何かあったら夜中でも構わないから電話していいんですからね！」その時はなんとなくめんどうくさそうに「何かあったら、電話します。でも、なさそうかな…」と話した。

電話しちゃった

「Nさんに緊急訪問しました」と訪問看護サービスの担当者から電話が来た。「本人が電話したんですか？」と聞くと、「そうです。」と言った。本人が先生に電話して、僕たちが訪問しました」と言った。薬のせいか、一週間も便が出なかったから苦しくなって電話したということだった。そんな状況なら人に会うのも辛いかな…と思っていたが、思い切って訪問した。

「電話しちゃったんだよ」とベッドの上に座位になってベッド柵に背中を預けながら話した。「苦しかったですか…」「うん、便が出ないのはどうしようもない…」「そ

れで、今はすっきりしていますか…」「いまのところ…」「看護師さんよくやってくれましたか」「良かったよ、ありがたかった…」「そう言っていたと伝えますね」

なんでも自分で判断するからね

奥さんに様子を聞くと、「やっぱりつらかったと思う。最初入院するっていうから驚いたのよね。便が出ないくらいで入院なんかさせてもらえないよ、って言ったの。鎮痛剤は便秘になりやすいと聞いているし仕方ないでしょ、って。そうしたらしぶしぶ電話したんです。私が電話してもよかったけれど、本人が自分で電話するって言ってかけたの」と話してくださった。

「何でも自分でするから、大丈夫なんだけど、よほど苦しかったと思うんですよね。私も家庭用の浣腸くらいはできるけど、今回はそれでは無理だったみたい…」やっぱり王様は自分のことは自分で決めて何でもする、今まで通りだ…と私は思った。

ポータブルトイレを使った

浣腸の後は緩い便がしばらく続き、トイレまで歩くのは困難で、ポータブルトイレを使った。これも最初は「いらない」と言われたものである。使ってもらってよかった、と私は正直に喜んだ。いらないものを準備させてしまったと考えたらとても申し訳なかった。気持ちのどこかでは使わずに済むなら、その状態が今まで通りに続いてくれたらいいなあとも思った。しかし、状態は少しずつであるが確実にレベルダウンしていた。

足は悪くないからな

ベッド柵を背にして座りながら話をつづけた。酸素配給の音がかすかにしかし継続的に装置から聞こえていた。たまに息苦しそうに顔をしかめた。

「今朝はポータブルトイレを使って、そのあと食事もここまで運んでもらったから、動いていないんだ。足は悪くないのに、このままだと歩けなくなりそうでいやだな」「そうですね、動けるときには居間の食卓でご家族と食べたほうがいいですよ」「そうしたいんだ。それとまた、外廊下を歩かないと…」

Nさん宅は公営住宅で、外廊下がある。そこを酸素のボンベを引きながら端から端まで往復していた。今回の入院の前までは、その歩数をしっかり手帳に書いていた。

「リハビリスタッフとベッド周りで体を動かしたり、家の中を歩いたり、ベランダに出たり、というくらいはできそうかしら…」

「やりたいよ。できると思うよ。足は病気じゃない。こんなことをしていたらだめだ」

リハビリをしよう

担当している訪問看護ステーションに連絡して、リハスタッフの訪問の空き状況を聞いた。「Nさんがそういったんですか」と担当看護師が聞いた。「そうなの。彼が自分でやるって言ったからやると思う、リハビリの訪問スタッフいるかしら?」「なんだか、いい話のような気がします、あきらめていないですね」「私もそう思います」

日に日にNさんの体は衰弱していくようにも思え苦しそうでもあったが、ご飯はしっかり食べて、そして動きたいと言った。以前と同じ場所を歩いたら、今なら紅葉した街並みや遠くの山が見えることをNさんは知っている。

王様は最期まで希望を捨てていない。

この部屋でこの場所で二人きり

王様の最期の話である。

王様は、先日ふっと呼吸が止まって亡くなってしまわれた。本当に急なことだった。それは自宅の自分の部屋だった。妻と二人の時だった。数日後に入院が決まっていて、入院して体調が安定したらまた家に戻ろうと話していた。

今はやめておく…

ベッド周りで運動しよう、外に行ってみようというリハビリの計画は、訪問スタッフの手配はついたものの、Nさんの体調が急に下降して中止となった。体を動かすとそれだけで呼吸が苦しくなっていた。肺の力が急速に落ちていた。今しかできない、と勧めたが「今はやめておくよ」と自分で伝えてくださった。訪問看護のスタッフがそれをとても残念に思って、「それでは、車いすで外に行きませんか」と散歩

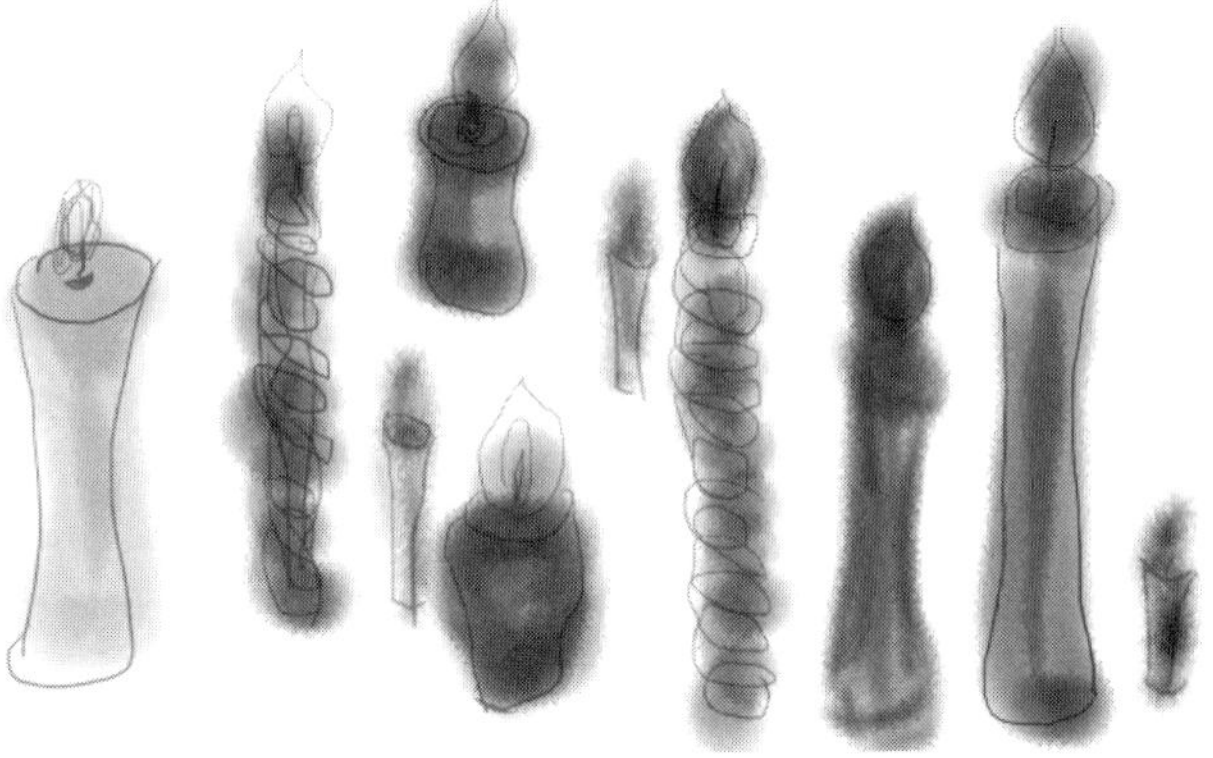

に連れ出した。

痛みが増している

しばらくして訪問看護士から連絡があった。「痛みが増している様子です。痛み止めの麻薬も処方されているのですが、効いていないかもしれません。全身的に辛い様子です。本人もご家族も入院を希望しています」

確かにNさんもご家族も最期まで自宅にいたいとか、看取りたいという希望はなかった。病院と自宅を行ったり来たりしながら、最終的には病院という考えでいた。それは最初からそう話していて、なんのこだわりもなかったが、果たしてその時受け入れ可能な病院があるかは不安だった。Nさんはもう、痛み止めしか飲んでおらず治療らしい行為はなかった。

入院でいいのかしら

訪問すると、Ｎさんはいつものようにベッドに腰かけて、あまり動かなかった。たしかに、話そうとして呼吸が乱れると苦しそうだった。奥さんが「来てもらっても話はできないかもしれないけど…」と言ったのは本当だった。酸素の機械の大きな音が絶え間なく聞こえた。

「本当に入院することでいいのかしら」と言うと、大きな目で私を見てうなずいた。ずいぶんやせてしまった、と思うと同時に急に様子が変化した気もした。がんの末期の細胞の増殖に必死で戦っている感じがした。

見ていられないの…

入院しても状況は変わらないと思いますと伝えたが、本人も妻も入院を望んでいた。

痛みを訴えた時や、苦しそうな呼吸で言葉も出ない時に、妻はどうすることもできないことで自分がパニックになりそうだ、と話した。食欲もなく、ゆるいおかゆのようなものしか通らない。どんなものなら栄養になるか、どんなものなら食べてくれるか毎日考えていると言った。

そういう面でも入院したほうがいいと思っているのかもしれなかった。確かに妻はもう見ていられない…と下を向いた。

早朝のポータブルトイレ

「息をしていないみたいなの…」と朝早くに妻から電話があった。医師と看護師が向かって私は何とか昼過ぎに伺うことができた。死亡確認後、本当に眠っているといっても不思議ではない顔でベッドに横になっていた。

「眠っているみたいですね。今朝、息がない時には驚いたでしょう」

「そうなのよ、ベッドではなくてポータブルトイレに座っていたの」

「えっ、そうだったんですか」

「そこに移動するだけの動作も呼吸がきつくて体も重かったようなのね、だからいつも背中をトントンって軽くたたいてあげるの。そうするとちょっと楽になることもあって、そうやって横についていたの。そしたら急にガクッと力が抜けたように姿勢が崩れて、おかしいな、私が変なところ叩いちゃったかな、って思ったくらい。でもそのまま動かないのよ……」

「最初に到着した訪問看護師さんとベッドに移動したのですか?」

「そう、重かった…そしてまだ、暖かかったのよ……」

「じゃ、この部屋でこの場所で二人だったんですね…」

「そう、いつものように」

「最期まで、二人で一緒にいられたなんて、本当によかったじゃないですか」

「……そう思ってくれてるかな、この人」

「思っていますよ、きっと思っています。病院行かなくてよかったって」

奥さんの目から涙がこぼれた。

もう一度たばこ

「昨日の夜、急に『たばこ…』って言ってたのが聞こえたの。辞めてかなり経っているのに、不思議だった。最後に吸いたいってことだったのかなぁ」と奥さんが話してくださった。王様の最後のわがままは叶わなかったけれど、王様は今までずっと一緒に過ごしてきた妻に肩を抱かれてこの世を去った。急な展開だったけれど忘れられない去り方だった。

褥瘡を治したのはだれだ

あれほど大きかったKさんの褥瘡が小さくなった。本人や家族だけでなく、訪問のスタッフたちは全員がうれしい気持ちの中にいる。

10カ月ほど前に褥瘡は腰のあたりに、両手の親指と人差し指どうしをあわせて円を作った大きさほどもあった。その深さも人差し指の第二関節までが入るくらいだった。それが今オッケーと片手の指で丸を作ったときくらいの大きさになっている。

毎日毎日

その褥瘡の始まりは肺炎で入院した時だった。入院中に発赤が起こり、あっという間に皮がむけた。退院後も経過が悪かった。処置の方法もいくつかの方法が試みられて、最終的にはきれいに洗い流して軟膏をつけることを基本とした。それは毎日毎日行われた。訪問入浴のスタッフにも協力してもらい、日曜日は妻が行った。

栄養が必要だ

訪問看護師からは毎日その映像が主治医に送られた。Kさんは退院後も微熱があったりして、食欲がなかった。誰もが栄養状態が悪いから褥瘡が治らない、皮膚が盛り上がってこない、いつまでも深さに変化が出てこない…と嘆いた。

こんなに毎日やっているのに…と思うくらい退院後の日にちはあっという間だった。主治医はしばらくの間、という条件付きで口から食べなくなったKさんに鼻からのチューブを入れて、栄養剤での補給を行うこととした。最低でも一日1000キロカロリーが確実に補給された。

チューブはもういい！

鼻からのチューブはKさんにとってはかなり不愉快であったようである。お茶を飲むにも、アイスクリームをたべるにしても、邪魔に感じた。逆流しそうなことが何回もあったと妻は言う。「もう、すべてが嫌になったな」とKさんがつぶやいた。「毎日ずっとベッドに寝ていて、褥瘡の処置をしてもらって、おむつもかえてもらって、自分は天井だけ見ているって、結構つらいことよね」と妻も言った。そんなときにKさんはチューブを抜いてしまった。

見通しが立たない

当たり前のことだが、チューブを抜いたら、栄養の補給は低下する。半分以下になる。それで褥瘡がよくなるはずはないだろう、とだれもが思う。しかし、Kさんははっきりと「チューブはもういい」と言った。かといって口からたくさん食べられるわけでもなかった。これでは看護計画にならない、いろんな面からの褥瘡改善の工夫が成り立たず、訪問看護が清潔を保っているだけではやっていることの見通しが立たない、と看護スタッフから疑問がでた。

外に出よう

そんな時にリハビリに入っていたスタッフが「寝てばかりいるより、車いすで外に出ませんか」と提案した。そんなことできるの？と思ったくらいKさんは寝たきりになっていた。褥瘡のために起き上ることも躊躇していたから、最初起き上がったときはほんの3分でまた横になった。新しい車いすを準備した。リクライニング式でクッションも工夫し、少しずつ移乗方法も思い出して繰り返した。提案してから二カ月後、秋の終わりに外に出た。Kさんは酸素も必要だったのでその時は三人がかりだった。柿の色がきれいだった。

何回ものチャレンジ

それから寒さが来たので外に出なくても、室内で車いすへの移乗はつづけた。「車いすに座ると見えるものが違って嬉しそうでしたね」と福祉用具専門相談員が言う。エアーマットは少し硬めに調整した。「車いすでのストレッチの方が緊張が和らいで、関節の動きが緩くなっているときもありますね」とリハスタッフも言った。訪問看護による褥瘡の処置は続いていた。褥瘡がこすれたり、傷がつぶれたりしないようにと移乗するときには気を遣いながら、それでもKさんが車いすに座って笑ってくれることだけに励まされていた。

変化をもたらすもの

鼻のチューブを抜いた後、誰もがもうこれでレベルダウンは間違いないだろうと思っていた。しかし今考えると、「俺が思うとおりにする」と言ったその後から、不思議なことに褥瘡は本当に少しずつ改善し始めたようにも思える。Kさんは無理をせず、食べられるものを少しだけ食べた。「外に散歩に行けるように、もうちょっと飲んでみて」と妻は栄養剤を少しずつ飲ませた。多少の無理はあったが車いす座位の時間を長くしながら、目線が合う姿勢で話すことも多くなった。そして笑うことも多くなった。

「今年の目標は桜を見に行くことですね」というと「そうだね」と笑ってくださった。気持ちが前を向くことが、身体をも変化させるような気がした。

としよりのきもち

Aさんは元気な独り暮らし。一人でも規則正しく生活し、食事にも気をつけている。子どもたちには迷惑をかけたくないと話し、お金なんか残したら子どもたちのケンカの種だから、自分のために使ってしまうという。そして、「家で死にたい」とは言わないが、「生きて元気なうちは家にいる」と言う。

いつでも暇なわけじゃない

Aさんはちょっとご立腹だった。

「前の訪問が早く終わったと言って、約束の時間より一時間も早く行ってもいいかって電話がかかってきたのよ！」

「だれ、それは‼」

「ん…訪問の…歯医者さん」

「それで、どうしたの」

「仕方ないじゃない、来てもらったの。来てもらっているこちらとしては、そうわがままも言えないと思ってね」

「そんなことないわよ。あわてたでしょ」

「そうよ、あたしだってそう暇なわけじゃなくて、やっぱり時間決めてあれば、その時間で準備しているわけで。それを守ってほしいのよねぇ。早く終わったっていうのも、そちらの都合なわけでしょ」

毎日うちにいるけどやることはいっぱいあるのよね

「年寄りなんか毎日うちにいて、何もしてないみたいにおもわれているかもしれないけどさぁ…」

「そんなことないですよ、誰にだって毎日のスケジュールってものがあるし、歳をとっていてもいなくてもそれぞれの人には一日の過ごし方ってあるでしょ」

「そうなのよねー。朝から今日は何時に誰が来るって予定をみて準備している。朝ご飯食べたら昼ごはんのこと考えたり、昼ご飯のこと考えながら、朝はこれくらいにしとくかな…なんて思ったりするのも楽しいことだわよ。そういう自由さを突然荒らされたくないからね」

「だからぁ…断ればいいでしょう。決めた時間に来てくださいって」

「そうもいかないのよ、来てもらってるんだし、親切にしてもらってるし」

「まったく、そんな風に言うなら怒ることないじゃない」

いいひとだからね

「でも、あの方、勝手なことも言うけど、よくやってくださるの」

「そうですか」

「でも、ぼんぼんだわね。まだ若いわ。だから年寄りの気持ちなんてわからないと思う」

「仕方ないです。わからないから言ってあげてもいいんじゃないかしら」

「いやよ。そんなことして、嫌われたら損だもの」

「んーん、どうしようもないなあ…」

でも、Aさんにはかなわない。しっかりみんなの気持ちをつかんでいる気がする。

何か考えがあるのかも

Eさんは脳梗塞の後遺症で車いすを利用するご主人と二人暮らし。ご主人は訪問リハビリのサービスを利用している。桜が咲いたら、絶対に歩行器で散歩しよう、というのがEさん夫婦の今年の希望である。

「今度のリハビリの先生はちょっとやり方が変わっているのよねぇ」

「担当の方が変わったんですね、どうですか」

「いい人なんだけどね、でも、なんだか…」

「何かあれば伝えますから言ってください」

「あんまり歩行器の練習してくれないの」

「前の先生は歩行器でちょっと外まで行ったこともありましたよね」

「そう、エレベータホールまで往復したこともあったし…」

「それ言いましょうよ！」

「でも、悪いんじゃない、何か考えがあるのかもしれないし…今度歩行器使ってくれなかったら言ってみようかと思うけど…だからまだ黙っててね」

糖尿病だけど秘密です

Eさんのご主人は糖尿病の数値を気にしているが、甘いものが好きである。特に好きなのがケーキのモンブラン。まだ仕事をしていたころ、ご主人が帰りによく買ってきたという。医師には内緒であるが、今もモンブランを二人で食べる時がある。

「モンブラン好きなのよねぇ、だから、たまに二人でお茶するわけ。近くのケーキ屋さんで買ってきて、紅茶なんかいれちゃったりして」

「へぇー優雅じゃないですか、うらやましいなあ」

「でもねえ、そのために私がいろいろやりくりしているのよ」

「えっ…」

「年金生活だからね、できるだけ安いところでお野菜買ったり自分で料理したり、ぜいたくはしないのよ。だから、たまにケーキは本当に昔を思い出す大事な時間だわ。先生には秘密ね」

Eさんの生活にもいろんなものが詰まっている。数値ばかりを気にしていられない毎日がある。

自分の中に流れるもの

家族家系図というものがある。ジェノグラムと言われる。親、親戚、子、などの血族の関係を三世代くらいにわたって図式したものである。誰もがどこかで一度は見ているのではないだろうか。

家族の構成をきく

Nさんは一人暮らしを続けていた。最期までご自宅でと思っていたが、ある時体調悪く入院しそのまま亡くなられてしまった。Nさんは86歳だった。ご主人は20年ほど前に亡くなられていた。

次女さんが同じ敷地内に家を建てて住んでいた。Nさん夫婦の次女であるから、年齢は50代の後半、フルタイムで仕事をしている。二人のお子さんはそろそろ大学を終わるころであり、「やっと学費から解放されるのよね」とよく話していた。長女さんは国際結婚で一家は外国に住んでいる。教員をしていて夏とお正月の休みには帰国していた。外国と言っても昔に比べたら電話もメールも簡単にできる。次女さんとお母さんの様子をいつでも連絡を取りあっていた。

年齢をすべて聞かなくても

Nさんの家族の構成をジェノグラムに図式化していくことができる。すべてに年齢を入れなくても、Nさん夫婦の年齢から娘さんたちの年齢を推測し、お子さんたちの様子を推測していくことができる。学齢期だと学費への経済的な負担も大きい。そんな中で、働きながら次女さんがNさんの介護にどのくらいどのようにかかわっていくか、いつも話をした。

できるだけサービスを使いながらも、

できるだけNさんといる時間も作りたいと次女さんは言っていた。仕事もやめたくないと言っていた。Nさんは夫の親の介護をして自宅で看取った方だった。だからこそなのか、娘たちには迷惑をかけたくないと言った。

生きてきた背景を推察する

Nさんは昭和一桁の生まれで、専業主婦だった方である。当時は夫の家族と暮らすことはほとんど当たり前で、子どもたちを育て、高齢化した親の面倒を見ることに何の疑問もなかった。洗濯機も炊飯器もやっと手に入るようになってきたころである。夫は大正生まれで戦後の高度経済成長の中で本当に一生懸命に働いた会社員であったという。

東京でオリンピックが開催され、新幹線が走った。その新幹線で娘さんたちを連れて大阪万博に行った。万博に連れて行ったのは夫だった。その時Nさんは夫の母を介護していて家を離れられなかったという。そういう家族の歴史がある。

社会規範は変わっていくが

Nさんの夫らによって築きあげられた日本の高度経済成長は社会を大きく変え

た。それによって次女さんも当たり前に仕事をしている。女性が働くということも現代では何の不思議もない。夫も育児に参加し、食事の用意をする。男女が家庭内の役割について平等であることは広く浸透しつつあることだと感じられる。

そんな中で起こってくる家族内の「介護」について、それぞれの世代がどのように考えていくか、心情としてはそう簡単ではない。時代は大きく早く変化しているが、たとえば「介護」ということだけをとってみても、その家族がひきついできているものが否応なく次の世代にも流れていく。だから、次女さんは介護保険サービスがあるからこそ仕事を続けているが、十分に介護ができないことについても悩むことがあった。

親の介護ということ

たぶん、次女さんはNさんが夫の親の介護をしてきた姿を見てきたからかもしれない。そのNさんが次女さんたちには迷惑になりたくない、と言っていることの意味をどんな風に理解したらいいのかと、ずっと考えてきているようにも思えた。どんな時も仕事をしている誇りと同時に、自分が見てあげられないことに少しだけうしろめたさがあったようにも思われた。

長女さんの外国からのメールもそんな感じがした。細かいことまで気にしていた。しかし、簡単に帰ってくることもできなかったし、具体的に介護を行うこともできなかった。自分のことも大事だと言った。

二人の娘さんがどんなに現代の女性であっても、Nさん夫婦が育てて来た娘さんでありNさん夫婦を見てきた娘さんたちだった。

みんなジェノグラムの中の一人

ジェノグラムに記される血族の関係は、そのままその家族の関係図であるとともに、生きてきた時代背景やその時代の社会規範を想像させる。その背景の中で人はその時代の中での生き方の選択をする。

その時代にそれぞれの親が育てていく子どもたちには、親が生きた時代の価値観が伝わる。しかし、一人一人は自分が生きる時代の中で新たな人生の意味付けを行う。

私たちも誰もがこのジェノグラムの中の一人である。自分のものの考え方のルーツがこの系図の流れの中にあると言っても言い過ぎではないだろう。自分を知らず知らずのうちに作ってきているもの、それを家族システムの中に見つけることができる。

満開の桜の木の下で

Kさんのことで病院に集まったのは入院して2週間後のことだった。私と訪問看護ステーションの所長と訪問診療の看護師が顔を合わせた。病院の医師と共にKさんが自宅に戻れるのかどうかを奥さんと一緒に話しあった。

医師は病状を説明した

Kさんは拘縮《こうしゅく》した膝にできた褥瘡が悪化して骨髄炎となっている。治療のためには抗生剤の6週間の点滴投与が必要だが、栄養摂取も悪く身体の状態も衰弱しているから完全な傷のふさがりは期待できない。入院は2週間という約束だったから退院を希望するならば内服の薬に切り替えて退院できる。しかし服薬では効果が弱まる。

傷があるため入浴などは不可だが、楽しみとして、あるいは気分転換に入浴することは禁止するものではなく、傷を覆って入ることも考えられる。

妻の強い決意を感じた

淡々とした医師からの説明を聞いた後、妻が私たちともう少し話したいと言った。

妻はまだこの状態での帰宅は不安を隠せなかった。そして本人がいいと言ったら、このまま抗生剤の点滴を継続して6週間後に退院でもいいのではないかとも言った。今晩、夫とよく話をして決めたい。夫がどちらに決めても、自分はそのようにすると言った。

奥さんは強くなった、と私は思った。お子さんたちも協力的であるが、ひとりで頑張ってきていると言ってもいい。何らかの気持ちを決めているようにも思えた。

一晩考えさせて、とKさんは言ったという。そして次の日の朝、妻が病室に入ると「うちに帰りたい」と言った。すぐに電話があって、私たちは在宅生活の準備を始めた。

二日後に退院。その日に訪問するとKさんはにっこりと笑ってあまりしゃべらなかった。「やっぱりうちがいいですね」というと、「そうなのよ、この人、今朝病院行ったら本当にうれしそうににこーっと笑ったの。それを見たら、帰るしかないなぁって感じよ！」そういう妻も、本当にうれしそうだった。

願うような日々

訪問看護師と妻との協力で傷の処置は毎日続いた。Kさんはベッド上の生活が長く、肺炎を起こして入院したこともあったが、そもそも病院が大嫌いで「入院しなくても自宅でできる限りのことをしますよ」と言ってくれた訪問看護師の言葉に助けられてきた。

だから、訪問看護師も妻も体を拭いたり、着替えをしたり、摘便したり、日々行うことにはきりがなかった。すぐにまた熱が出て病院に戻ることになるのでは…という不安を誰もが持っていたが、なんとか二週間ほどが過ぎて、少しずつ春の気配がし始めていた。

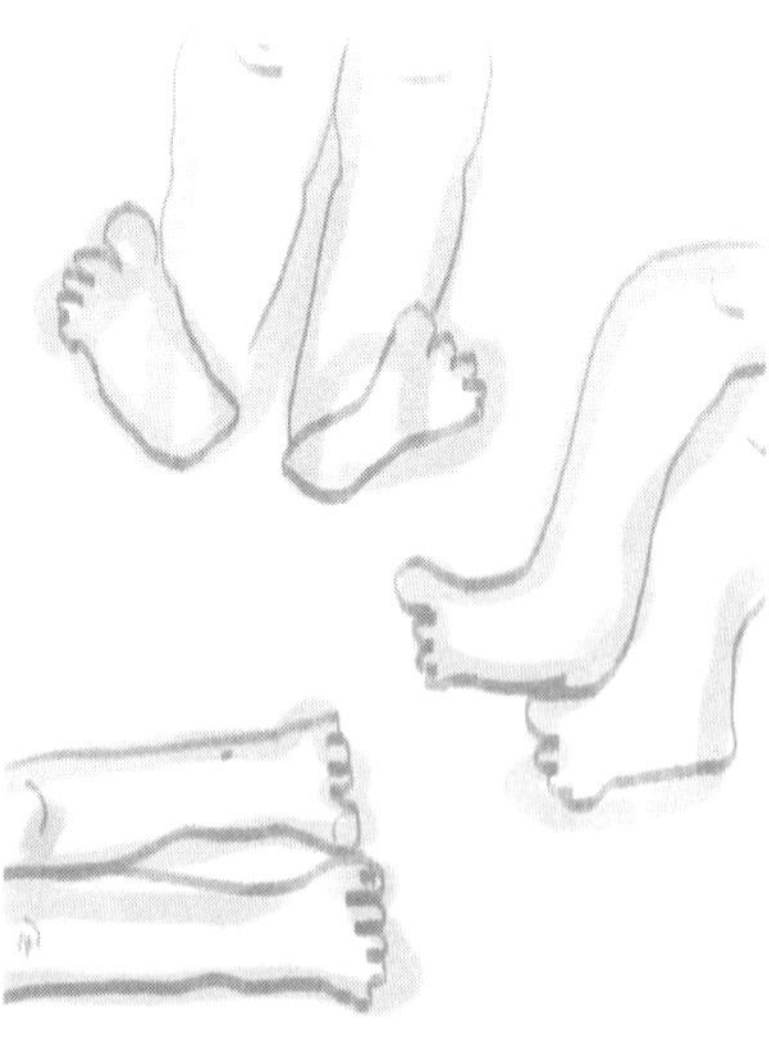

膝の傷はそう簡単にはよくならないが、特に急変もなく日々が過ぎていることは本当に不思議なくらいであった。

「もうすぐ桜が咲くね」「去年の今頃は腰の褥瘡で大変だったころだね」「膝の傷も長期戦で頑張っていきましょう」

と話しながら、傷は覆えば入浴可能だと言った医師の話を思い出し、さっそく手配してその週の土曜日に訪問入浴で無事入浴した。

桜見に行きましょう

お風呂気持ちよかったかしら、と聞くとすごくにっこりとした。この状態なら、ということで思い切って桜を見に行くことになった。

「えっ、お花見。行けるの？大丈夫かしら…」と妻はちょっとたじろいだけれど、

「さあ、そうだったら栄養とって準備しないとね！」と張り切った。

その日、訪問看護師の訪問時間を少しだけ延長してもらい、処置を終わらせて一緒に外にでた。本当にKさんのためのような日だった。心地よい風も吹いて、近くの散歩道に桜は満開だった。私も車いすやスロープの係に回った。

近くで訪問が終わったスタッフも駆けつけてくれた。長くKさんにかかわってい

るスタッフだった。どうしてもちょっとでもいいから来ようと思って、と言ってくれた。

何も言わなかったけれど

きれいだねぇ、こんなにゆっくり桜を見たのは久しぶりだねぇ、本当によく咲いているねぇ、気持ちいいねぇと私たちの方が騒がしく話して、桜並木をゆっくりと車いすは進んだ。車いすを止めるとKさんはおもむろに桜を眺め、少し風に吹かれて目を閉じたりした。Kさんは何も言わなかった。帰ってベッドに戻るとほっとしたのかとてもいい笑顔になった。

「お花見なんてできると思っていなかった。きっとあの人もうれしかったと思う。みんながいてくれるから私も頑張るね」

満開のさくらの一つ一つの小さな花びらが、飛ばされまいと風に逆らっていた。その桜の下で、奥さんの姿は本当に強く生きていると思わずにはいられなかった。

春はエネルギーを感じる時

あんなに待ち望んでいた桜の花も、散ってしまうとすっかり忘れられていく。新緑の季節がやってくると日中の気温がぐっと上がる日が多くなる。しかし、まだ朝夕に冷え込む日もあって、薄いコートが手放せなかったりもするが、確実なスピードで季節が変わる。

木々にぐんぐんと緑が増してくるのが見える。春の雨は木の芽をすぐに成長させるから、黄緑色の木の芽が見えるのが朝の通勤時だとしたら、もう夕方には小さな葉っぱが風にそよいでいるような気さえする。

季節に負ける時期

この季節の力強さに人間は少し力を奪われる。たぶん、地球にある生命のエネルギーのようなものが新しい緑となる樹木や草木の芽に吸い寄せられるので、ほかの生き物はこの時期にいつもより力を奪われるのかもしれない。だから、生き物としての人間も高齢であったり、病気を持っていたり、悩んでいたり弱っていたりすると体調が崩れることが多いような気がする。

季節が変わるとき、いつも何人かの方が亡くなる。人の世界から大自然の世界に奪われてしまうように、大きな舟がどこかに向かって出航する。そこに急がされて乗ってしまったかのように何人かの人が連れていかれる。

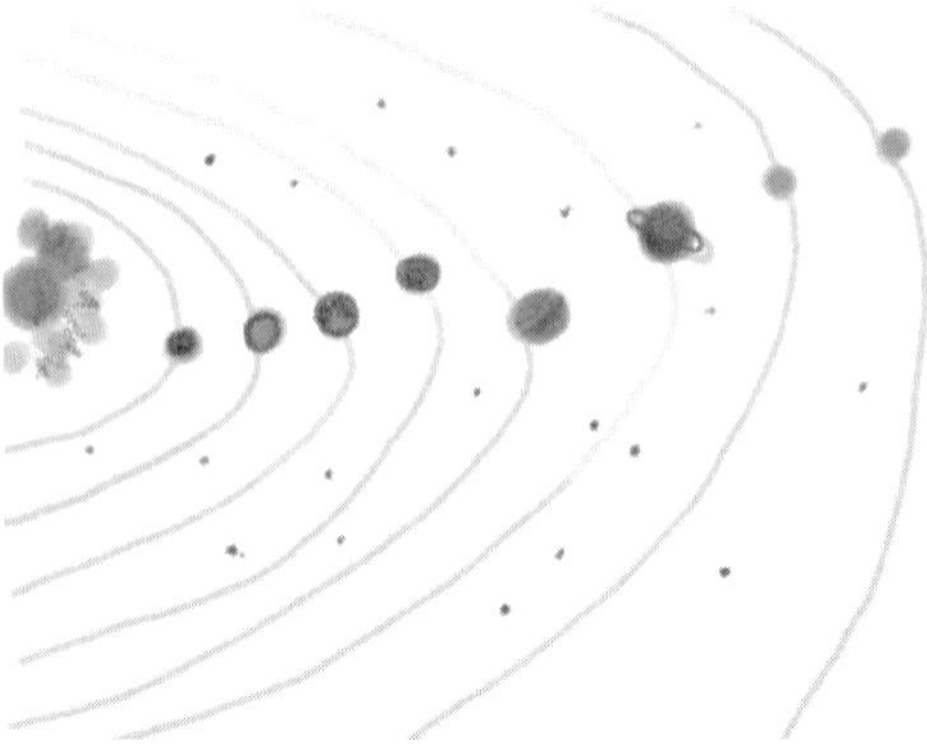

ダイナミックな自然の勢い

何があってもおかしくない、と毎日を覚悟して過ごしていた人がこの時期に亡くなってしまうこともあれば、突然熱が出て肺炎を引き起こし、それが悪化して亡くなってしまう人もいる。精神的に調子が悪く引きこもってしまった人も、耳鳴りが続くと言って寝付いてしまう人もいる。ちょっとしたことで感染症となり、入院してしまうこともある。この時期の食べ物はアクが強くて負けてしまうわ、とアレルギーが強く出てくる人もいた。

しばらくの期間ではあるけれど、春はダイナミックに自然の勢いが増すのだろう。すべてが自然のせいではないが、私たちも自然の一部にいて影響を受けていることには間違いない。

春は用心している

「なるべくね、出歩かないの。いつも同じものばかりを食べているけど、それをしばらく続ける。今の季節は用心していないと、みんなに迷惑かけちゃいそうだからね」

「同じものって?」

「朝はね、クルミパンと牛乳。昼はあんまり食べないけれどおうどんかな。夜はご飯を炊くの。お味噌汁だけ作って冷蔵庫にあるものを食べる、ヘルパーさんが買ってきてくれたものがいつも入っているから」

「用心するって…?」

「夫が亡くなったのも、私の両親が亡くなったのも4月の終わりだった。連休前の若葉のころだったから。この季節には思いがけないことが起きる気がする」

Fさんは83歳、一人暮らしである。

「夜炊いたご飯を仏さまにそなえるのよ。今日も一日何事もなくありがとうございましたって。だから元気でいられるのよね、きっと」そう言って笑った。

全く突然の入院

「いったいどうしちゃったんだろうねえ、今朝部屋に行ったら、ベッドの下で座ったままで寝ていたんだよ、おばあちゃん。それで、とにかくベッドに挙げて寝かしたんだけど、気が付いたら熱が上がってきて、結局救急車呼んで入院となったの」と息子さんから報告があって、Bさんが入院した病院に駆け付けた。

Bさんは点滴しながら苦しそうな顔で寝ていた。「どうしたの…」と聞いても「わかんないの…お父さんが来たのよ…」とだけ言って目をつむった。その前の日までデイサービスで元気にしていたのに、みんなびっくりだった。

熱の原因は尿路感染だった。「しょうがないなあ、おばあちゃんはいつも連休前に騒ぎを起こしてくれるんだよね~、おやじが本当に来たのかなぁ、今連れて行ってほしくないなあ、こんないい季節に葬式したくないなあ」と息子さんは笑った。

宇宙の意志を感じる季節

人が生まれる時にも、潮の満ち引きの時間や月の満ち欠けの時が引き合いに出され、何となくその時間帯の判断に合理性を感じたりすることがある。人はそうやって大自然の中の偶然というより宇宙の意志で生まれてきているのかもしれない。とすると、人が病んだり、そのリズムに狂いを生じたり、亡くなったりすることにも宇宙の意志が密かに、しかし確実に働いていたとしても不思議はないだろうと思える。私たちはそれに逆らうことはできない。

それを一番感じるのが春なのかもしれない。春というより、新緑の季節に向かう何ともいえないさわやかな風の中に、緑が勢いづく日々がそうなのかもしれない。

仏様のお水とごはん

今年91歳になるMさんは、二年ほど前に大腸がんの手術をしたが、今はその影響もなく元気で一人暮らしを続けている。天気が良ければ近所の商店街にも買い物に行く。近所のお友達と外食も楽しんでいるし、手芸のサークルにも月に一回参加する。がんの定期検査も忘れずに通っている。病院にはお嫁さんと現地集合で待ち合わせる。現地集合もすごいなあと思うが、ひとりで公共交通機関を利用できることもすごいなあ、と思う。

この頃太っちゃったのよ…

Mさんは要介護1である。ひ孫までいるおばあちゃんであるが、姿勢がよくて、しっかりと歩く。しかし、さすがに階段はきつくなってきたと話した。

「運動不足かもしれないの、この頃太ってきたのよ」

「そんな太った感じしませんけどね」

「デイサービスで体重測るでしょ、毎月増えているの、食べすぎかなぁ」

「そんなにご飯食べないでしょ…？」

「いいえ、甘いものだと思う」

お茶は上げていないの

「昼間ちょっとお茶なんか飲むでしょ。その時、お茶だけじゃ…と思ってお菓子食べちゃうのよね。お饅頭とかおせんべとか。あんこは好きだし。やっぱりお茶だけじゃねえ、寂しいじゃない…お友達とお茶飲むときはやっぱり必ず甘いもの食べちゃうのよ」

「そうですねえ。お茶だけじゃねぇって気持ちわかるような気がします」

「そういえば、デイサービスでみなさん、お茶を入れたら仏壇にも供えるって言ってたけど、私お茶は上げていないのよ」

「えっ、ほんとですか、お茶あげないの…」

「そう、お水は毎朝あげるけど。お茶はやってない。怒ってるかしらねえ、主人…」

ご飯はチンして供える

「ご飯は？」

「ご飯は毎朝供えます。私は朝はパンだから、一膳ずつに分けて冷凍してあるご飯をチンして、器に取り分けて供えるの。余ったご飯は昼にお雑炊なんかにしてる」

「仏様のために朝はご飯を炊くって人もいますけど、炊いた時に供えるって方もいましたよ。だから、夜供える方もいるみたいですよ」

小分けに冷凍している人も

「そういえば、炊いたご飯を仏様用に小さな分量で小分けにして冷凍してるって人もいたわ。世の中変わってきているわね。仏さまもびっくりよね」

「でも、仏様へのお水とご飯を欠かさないってことはどんな形であれ大事にしていますね。高齢者の方たちは偉いなあ…と思います」

「習慣だからね。主人がそこにいてみていてくれる気がするの。だから、注意して階段下りてるけど、まだ転んだことがないのは主人が守ってくれてるかな、と思うのよ」

見えないものに守られている日々

私はすごく昔のことを思い出していた。それは中学生のころだったように思う。私の祖父の姐（大伯母）を訪ねて行った時のことである。

私の祖父の姐も、祖父の姐も明治生まれであるから今生きていたら120歳は超えるだろう。大伯母は早くに夫を亡くして一人暮らしだった。いつも着物を着ていて、髪をきれいに丸く結っていた気がする。中学生の私が見ても色の白い上品な人だった。

私は母に言われて当時まだ珍しかったシュークリームを買っていった。一緒にお茶を飲みながら食べることを楽しみにしていた。

「まあ、シュークリームなんてめずらしい。おいしそうねえ」と言って大伯母はさっそく仏様に供えた。そして、ゆっくりお茶を入れて、そのお茶もまた仏様に供えてから「じゃ、いただきましょうか。仏様もいただいたでしょうから私たちも」と言った。

その間の時間は当時の私にとっては長かった。大伯母はいつもなんでも「仏様に供えてから」だった。しかし、今思うと大伯母はその間ゆっくりと心の中で仏様にいろいろ話しかけていたような気がする。黙ってお茶を入れていた。

ほんのりと線香の香が流れる中でシュークリームを食べながら、大伯母は私の訪問を喜んでくれた。私は私の話を仏様も一緒に聞いているような気がしたのを覚えている。

そうやって私たちは死者と共に暮らしていることが普通だった。だから、見えないものがいつもどこかで私たちを見守ってくれているのではないか、と私も思っている。

ことばのちから

三年前に脳梗塞になって一人暮らしをしている65歳の女性を訪問した。上肢も下肢も左側にまひがあってその日は座椅子に座っていたが、その姿勢でいることも「そんなに楽ではない」と話した。両親も、夫も相次いで亡くなって、身寄りもなくこんな体で毎日を過ごすのは辛い、とやり場のない気持ちを訴えた。

何一つできない

私は介護保険の更新申請の調査を委託されて訪問していた。

「毎日の日常的な動きがどのくらいできているか教えてください」

「すべて不十分で、何一つ完全にできることなんてないです。つかまって立ち上がることもやっとです。つかまりながら歩くけど、立ち止まって休み休みすごく時間がかかる。体調によって立ち上がれない日もあるから這って動くこともあります」

「デイサービスにも行ってらっしゃいますね」

「昨日も行ってきました。私を見てそんなことできないの！なんて言う心無い人もいる。右が動くからって右手でテーブル拭けるかって言ってもそう簡単なことではないんです。泣きたくなります。でもデイサービスのスタッフは優しいですよ」

何もいいことはない

「今日は朝から体調が悪くて、今日は、約束した日だけど電話して断ろうかと思ってたんです」

「無理しないでください、私は出直してもいいです。続けても大丈夫ですか」

「大丈夫です。せっかく来てもらって申し訳ないから。こういう風にね、体調が安定しないことも悲しくて、何もいいことはないのよ、もう、生きていてもしかたないって思う」

「そんなことないです、そんな風に言っちゃだめですよ。私にもいつだって悩みはあってつらいことも同じようにあります」といつもは言わないようなことを思いがけず口にしてしまった。

「手伝ってもらわなきゃできないことばかりだし」

「でも、おトイレはご自分でなさっているのですよね」

「なんとか必死で行くの、やっと便器に座って洋服の上げ下げは中途半端になりがち。だから汚しちゃうこともある。その時はその場で脱いで着替える。すごく時間がかかって嫌になる」

「時間がかかっても自分のことは自分でしたいと思っていらっしゃるんですよね。時間がかかってもひとりでやってらっしゃるんですね。なかなかできることではないです。ヘルパーさん、来てもらっているんですか」

「そう、掃除やら洗濯やら買い物などもみんなやってもらっているの。買い物は一緒に車いすで行くこともある。体調がいい時なら行けるかな」

「外に出ると気分転換になりませんか。買い物に行けるとちょっと楽しくないですか」

「そうね、行ける時は楽しい。外に行くなんてヘルパーさんとしか行けないからね。一人では何もで

きない。みんなよくしてくれる」

「ヘルパーさんたちもデイサービスの人たちも、応援してくれているんですね。少しずつでも力がついて自分でできることが増えていくといいですよね」

神様はきっと見ている

「お食事は自分で用意されますか」

「レンジくらいは使える、たいしたものは食べてないけどね。手すりにしがみつきながらレンジのボタンを押して倒れそうになったら座れるように、近くに椅子を置いているの」

たしかに、縦位置の天井ツッパリの手すりが台所のレンジの前に立っていた。そして、その近くに簡単な丸椅子が置いてあった。

「誰も見ていないところでも、そうやって頑張っていることをきっと神様は見ているんじゃないかしら。だから、そのうち何かいいことがあるかもしれないですよね。そうだといいなあ、と私も祈っています」

「そんなこと言ってもらうの初めてだわ。うれしいなあ…」と言ってちょっと涙をぬぐった。

ことばの持つ力

その日は暑い日だった。二人の間で扇風機が回り、開け放した窓からも少し風が入ってきた。木々の緑は5月のころの勢いを止め、整った枝葉をゆったりと揺らしていた。

「あなたには体の動かないところがないからいいわね」と言わなかったところが、本当にこの人の強さだったのではないかと思った。たぶんそう言ってしまったら、そう言ってしまった瞬間に「だから自分にはできない」とすべてを体のせいにして「できない自分」を作ってしまう。

人は誰でも自分が発したことばに吸い寄せられていく。いつのまにかそのことば通りの自分になっていたりする。いいことを見つける始まりは、あきらめの気持ちをことばにするより、「何かきっといいことがある」とまず言うことなのかもしれない。ことばは私たちの気持ちを大きく動かす力を持っているから。

娘たちの介護　正しいはない

Ａさんがグループホームに入って三年目の夏が来た。夏と年末には海外にいる娘さんも日本に帰ってくるので、Ａさんのことを話したり、仕事の話をしたりで会うことがある。今年の夏も少しだけ会うことができた。

会いに行くのがちょっと怖いと思うこともある

「どんな様子かなあ、と想像しながら、弟が知らせてくれていた様子でいろんなこと想像しながら行くけれど、顔を見るまで、本当の様子がわからないから、もし、とても変わってしまっていたり、わけのわからないこと言ったりしたらいやだな、怖いなって思ったりするんですよ。私のことがわからなくなったら、それはそれだけど。そうはいってもそういう母に会うのは勇気がいるかもしれないですね」

「それで、今回のＡさんはどうでしたか」

「あまり変わっていなくてほっとしたところです」

相変わらずお風呂は嫌い

「いつも通りいろんな文句を言って職員を困らせていましたよ。特に入浴はね」

「Aさんお風呂嫌いでしたね、入らなくていいって、シャワーでも文句言ってましたよね」

「相変わらずだったです。もう絶対入らないって大騒ぎして怒ってましたよ。どうして嫌なのかわからないです。とてもやさしく丁寧にされるほど嫌みたいなの。かといってほっておかれたら一人では何もできないのに。さわられるのもいやだと言われるとどうしようもない、私も介助に入ってその様子はよくわかった。だからスタッフから入浴は週一回が精いっぱいだって言われたんです」

「気に入らないことが多いから、気持ちも前向きでない、うつ的な精神状態の時もあるみたいです。じゃ、うちに帰ってもいいよ、って言ったんですよ。でも夜はまた一人だけど大丈夫?って言ったら、ここにいるって言われました」

「一人で寂しくなるより、夜でも呼んだら誰かがいる方が安心だってことでグループホームだったのですよね。グループホームでも毎日の生活の過ごし方を考えてくれていると思うのですが」

思いっきり自己主張

「そういうのにはなじめない気持ち、自分は違うっていうプライド、すべてが面白くなくて過激なこと言ったり、騒いだり、絶対反対やってみたり、部屋に閉じこもったり、でも、自分が言ったことに反省して泣いちゃったり、そういう感じでした」

「言いたい放題言えてるという自己主張が素晴らしいですよ、周りもそれに反応してくれるから、自分のことしっかり言えることはすごいけれどそこには満足がないのですね」

親のことはいつも考えている

「私が一緒にいられるのは年に数日もないけれど、できることなら母のいろんな希望は叶えてあげて、本当にうれしいなとか、よかったなって思える日があってほしいです。せっかくまだ、命ある人生なのに、つまらないとか、死んだほうがましなんて毎日を繰り返してほしくないと思います。もっと個人の特性に対応できる制度にならないものかと思います。出来上がったサービスにはめるのではなくて、自宅にいる人、デイサービスも嫌いな人にずっと付き添って入るプロフェッショナルな人材という仕組みはできないのかしら、本当に母のことではいろんなことを考えさせられます」と娘さんは嘆く。

「かといって、私や弟が仕事を辞めて母と暮らせるほど経済的にも楽ではないの。そして、私は母を看ることで自分の人生のやりたいことを縮小したくない。なんだか自分勝手なこと言っているようだけど親のことは大事に考えているんですよ、いつでも」

「正しい」は一つもない

三年前に、グループホームを決めた時も「これが正しい」というわけではなかった。グループホームなら、24時間誰かがいる、そのことだけで本人も家族も納得できる安

心があった。それだけでも離れて暮らす娘さんと弟さんの不安を少なくしたことは確かである。Ａさんの体の状態も精神的な状況も一人で暮らすにはかなり厳しかった。だれもが安心と安全を優先的に考えた。

そこで楽しく過ごしていけるか、満足できる毎日が送れて寂しく思わないか、はそれからの問題でもあったが、そう簡単に解決できるものでもない。しかし、とても重要なことだ。だからと言ってやはり自宅にいることがよかったのか、とまた振り出しに戻るわけにもいかない。

夏と年末の帰国時だけしか時間が取れない中で、娘さんは毎日毎日仕事をしながら、親のことを思わない日はない。

だれしも親がいて、親は先に年老いていく。親のことを自分の人生の中に位置づけていくことに、子どもたちは必死である。

私たちが支援する自立ということ

大正生まれのBさんは93歳になる。特に大きな病気はないがやはり年齢と共に体の動きは緩慢になり、認知症の症状もある。何をするにも目が離せない。同居の娘さんは今まで本当によく介護をしてきていて、できるだけ自分でできることを持続できるような働きかけもしてきた。Bさんが今でも手を引けば家の中で少し歩けたり、リハビリパンツをつけていてもトイレに座るということができたりすることは、娘さんの介護の力ではないかと思う。しかし、90歳を過ぎてからの毎日は、人は年を取っていくのだなあ…という実感の連続だと話した。

生き物の運命

「ずっと母の介護をしてきて、今、母のすべてがレベルダウンしていくことを見守り続けています。そうするしか仕方がないんだな、とやっと思えるようになりました。レベルダウンは止められないんですよね。どうしようもないことだってわかるけどやっぱり悲しいです。いままでは、デイサービスから帰ってきてからも家の周りを歩行器で一周したりしてたんです。できるだけ、機能を落としたくない、歩くことができなくならないように、トイレに行けることを維持したいって思ってました。もしかしたら、無理なことをさせていたかもしれない、とも思います。

最近は、何を言っても意識の中に入っていかない感じで、自発的に動かないし、黙って座っているだけになりつつあるんですよ。トイレに座っても、次の動作がわからないことがあって、紙を手渡して「拭いて」といってもどこを拭いていいのかわからない顔をしている、なんだか、がっくりとしてしまいます。変わっていってしまうんですね。

年を取っていくのですから、精神的なことも体力的なことも、良くなったり、悪くなったりしながら下降線を辿るのでしょうね。生き物の運命であり寿命だと思います」

この人の自立って何なのかと思う

「まだ、デイサービスなんかでは、がんばれがんばれって少しでも歩かせたり、書かせたりしてくださるけれど、そのことを母がどう思っているのかよくわからない気がします。楽しいのかな、うれしいのかな。でも、もう何かができたからうれしい、というより、そんなふうにみんなが楽しそうにしている場の中に一緒にいることだけで穏やかな顔をしているなら、心地よい安心感があるのではないかと思うのです。だから、デイサービスに行くことも、もう体力が限界かなと思いつつ、集団の雰囲気の中にいたほうが家に一人でいるよりいいかな、くらいの気持ちです。今の母への自立支援って何なのだろう、と思います。老いていくことを丸ごと無条件で受け止めてそばにいるってことかな、と思うんです」

支援者として自立支援

介護保険が始まったころには明治生まれの方が何人かいた。しかし、今では大正生まれの方も少なくなりつつある。人が老いて亡くなっていくのは当たり前の事実である。命は永遠ではない。そして人の一生は元気で健康な時ばかりではなく、経年とともに身体も気持ちも変化していく。自立とは身体的になんでも自分でできることだけを指すことではないだろう。

国が言うように、身体機能への科学的なアプローチによって要介護度を改善できる人たちもいるかもしれない。が、同時にそれが困難な人たちも大勢いる。そのアプローチの受け入れにはきわめて個別性が高く、気持ちの問題も大きく、ひとくくりにして考えてはならないことを私たちは知っている。それが個別性であり個別ゆえの尊厳の保持でもあると思う。

私たちが目指す自立支援は、それぞれの人が自分の人生を最後まで主体的に生きることができるための支援である。

不思議な会話

Bさんには決まり文句があって、女性が話しかけると「あなたいつもきれ

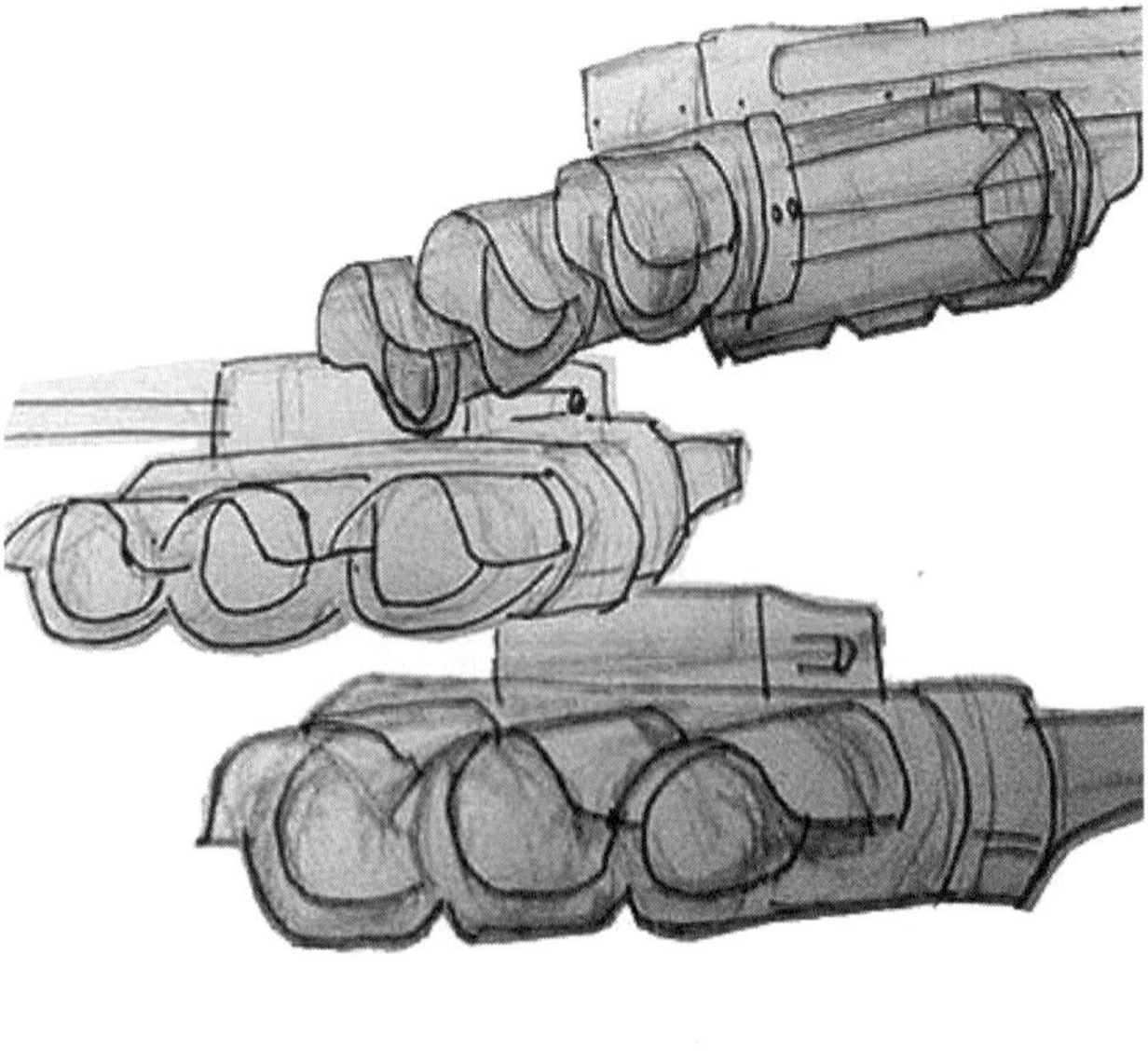

いね」から会話が始まる。男性だともちろん「あなたいい男ね」である。その言葉の後の会話に関係性が悪くなることはほとんどない。さすがである。私だけでなくデイサービスでもスタッフはBさんと話すことが楽しみであるという。

しかし娘さんにとってはまったくいつもおんなじことばっかり言ってるし、話が通じないし…の繰り返しで腹の立つことも多い。でも、自分たちも必ずこういう姿になっていくのだということをしっかりと感じている。わかっているけれど受け入れがたい現実を体験しているのかもしれない。

そんな娘さんの悲しさや不安に立ち会って、十分に話を聞く。思うように意志を伝えられないBさんへの自立支援を今二人で模索しつづけている。

発刊に寄せて

私を変えたケアマネさん

志川久子

人生には幾度か生き方と進路を変える出来事がある。大きな転機が、突然に、また偶然に訪れることがある。先達の師により、文学古典の書により、哲学の書によることもあった。有限の人生を無限と結びつける人もあった。

しかし、私の身体と思索を根底から変革する人がいた。四年前の十二月、廊下を杖歩行していた時の転倒で大腿骨を骨折した。退院後要介護1となって、ケアマネジャーの小島さんと出会った。

自宅での療法士によるリハビリ、福祉用具事業所からの歩行器やトイレ用フレームのレンタル、安全な入浴のためのバスボード。それらが半日のうちに設定された。

そして、私の関節全体が手術前のように動き、好きなように動くことが確保された。また、半年後、六十代からその痛みを注射や薬やサポーターで対応してきた膝に限界が来た。右はO型、左はX型でも手術可能とは理解していたが踏み切れずにいた。しかし、大腿骨骨折後の適切なケア体制によって生活がまた可能になることを経験したことで気持ちを変えた。三年前の夏に両ひざとも人工骨置換術を受けた。治癒に合わせた歩行器、距離を考慮した車いすで外への移動が復活した。

思えば、ケアマネさんが頑固な私を変えたようなものである。そしていつまでも細かい字の読みにくさを我慢していたが、これもケアマネさんの一押しで思い切って白内障を手術、モネの絵のような風景が一変し文庫本も読めるようになった。

今、一カ月に一度の訪問は、同居して家事全般を引き受けてくれている次女が、細かい相談や悩み事を聞いてくださる日としても待望している。

私たち家族を新しい融和へと導いてくださる人に私は出会い、行動し、予期せぬ健康をいただき、深い感謝を胸に前に進んでいる。

可能性を具体化してくれる人

菊地ふみ子

どんな人でも年を取るのは初めての経験だ。それは私の住むアメリカでも同じ。でもまた、自分の親が年を取るという経験も、かなりしんどい初体験なのだった。

誰もがそうだと思うが、私が日本を離れた時は、いつか親は年を取るなどということは、考えてもみなかった。私は責任感の強い長女気質たっぷりの人間で、他の人に頼るつもりは毛頭ないのだから、なんとかする、頑張ればなんとかなる、と漠然とした自信を持っていた。今思えば呆れてしまう。

母は突然倒れた。半身不随になった。

どうしたらいいのだろう? 文字通り飛んで帰ったが、とにかく、何もわからない。妹と膝を突き合わせて話し合うが、雑多な情報を交換するばかりで、どれがベストチョイスなのか見当もつかない。慣れない病院生活に、その上脳の損傷もあって、母は混乱していった。医療の面で、生活の面で、費用の面で、考えなくてはいけないことが山積した。

倒れて数カ月経って、ようやくケアマネジャーを紹介され、母の生活計画を立ててもらった。ところが、あまりうまくいかない。不安と苛立ちを抱える家族は、プロに頼りたいのに頼れず、精神的に行き詰まった。

そんな時に、運命の出会いがあったのだ。家の様子を見にきてくれたデイケアの相談員だった小島さんを、私は友人の知り合いと勘違いし、父の書籍や安い骨董品など、家中を見せて回った。楽しく時間を過ごすうち、アレ? と気づいた頃には、小島さんは家の状況をしっかり把握していた。

それからは彼女に何でも相談するようになった。そして、彼女がもう一度ケアマネジャーに戻った時、念願叶って担当ケアマネを引き受けてもらうことになったのだ。

彼女を知って思う。真のケアマネージャーは、単にスケジュールを作ってくれる公的機関との仲介者ではない。家族の不安、毎日少しずつ変わる母の様子、日常の少し先を一緒になって考えてくれる人、可能性を具体化してくれる人。本人だけでなく、むしろその家族にとって、必要不可欠な存在なのだ。

山の友達

三宅雅代

私は毎月半ばを過ぎると、よりメールに注意する。操ちゃんからのエッセイが届くから。私はさっと読んで、イメージを広げる。介護の文字は難しいけど、彼女の文章にはひらがなが多く、スッーと入って私に届く。「ああ、私もこういうことがあるなあ」「こういう人もいるんだな」と思いを重ねながら、イラストを思い描く。この時間は、私にはかけがえのない時だ。内容に関係の無い道具や風景が浮かぶこともあるけど、ウンウンうなって描けないことは無かった。素敵なエッセイを一番に読めて、楽しくイラストが描ける、私はほんとにラッキーな人です。

彼女との出会いは、40年ほど前の山小屋でのアルバイトだった。半月ほど山小屋の掃除や食事の手伝いを一緒にした。その時、彼女は自作の手書きの通信を見せてくれた。多感な20代の、世の中に向けて書きたい思いが詰まった一枚の紙であった。ひらがなの多いその言葉は、私にグッと届いた。難しいシュプレヒコールよりも、もっと刺さった。すごい人だな、静かな中に燃えるものがある人だと思った。

ある時、少しのビールに少しの砂糖とミルクを入れて飲むと美味しいという話になり、下戸の私もなるほど美味しいと思う飲み物であった。彼女が、「これはビルミーという名前はどう?」と言った時、言いえて妙とはこのこと、言葉のセンスの光る人だと思った。

それからは、彼女は東京、私は関西ということもあって、手紙や年賀状、メールだけでのつきあいだったが、8年ほど前に電話がかかってきた。「エッセイにイラストを描いてみない?」と言う。私が山でスケッチしたり、絵葉書を描いたりしたのを覚えていてくれたのだ。「素人の私が雑誌にイラストなんて。面白そう。やってみたい。でもホントにイイの?」ということから、嬉しさいっぱいで始まったイラストである。それが、100回も超えて続くなんて、想定外である。

友達はイイな、人生は楽しいなと思う次第である。

あとがき

また50の物語をまとめることができたことは素直にうれしい。先に出した50の物語から、あっという間の5年が経つ。もう一度今回の50の話を読み返してみて、毎日自転車でよく走ったなぁ、と第一番に思った。寒かったり暑かったり、大雨が降ったり、大風が吹いたり、どんな時も自転車で走った。いろんなことを思いながら走ったことが一つ一つ浮かんだ。

一人暮らしの女性が語った話や、家の玄関先で家族がつぶやいたことばや、自転車で転ばないように帰れと言われたことも、様々な思いを反芻しながら自転車をこいでいた。

これでいいのかなあ、と何回も振り返ったこともあった。いろんな言葉が心に引っかかることもあった。そういう時はしばらく自転車を引きながら歩いた。早く事務所に戻ってショートステイの日程変更を電話しないと、とか、オーバープランにならないか確認しないと、という事務的なことばかりが頭を巡ったこともあった。

私の事業所は特定事業所でもあり、土日や夜間の電話にも対応している。家族からの電話は多い。

「夕方から急に熱があって医師の訪問を頼んだの。解熱剤が出て様子みてくださいっていうけど、大丈夫かしら、様子を見てってていうけど何を見たらいいのかしら……」しばらく話を聞いている。熱が出た時からの様子が語られる。

「水分を取って安静にしているの」できていることを確認してほしい時が人にはある。

「今はそれでいいんじゃないかしら」

「そうよね」と電話は終わる。

不安な時に、人は誰かと話したい。答えがほしいということではなく、不安を話して人の声をききたいのだと思う。人は誰だってそうだろう。そういう時に私たちがいるという存在でありたい、そういうことを感じることが多い5年間だった気もした。


前回とは違って、書籍としてのこの「本」を作るにあたり、編集部の山口康さんにはたくさんのわがままを申し上げた。頑として一つも譲らない私のわがままをすべて聞いていただいた。ここに心からの感謝を申し上げます。

二月の寒波の夜に

小島　操

≪著者紹介≫

小島　操（こじま　みさお）

社会福祉士　精神保健福祉士　主任介護支援専門員

1984年飯田橋に開設された東京都社会福祉総合センター（のち、東京都福祉機器総合センター）に福祉機器の利用を中心とする相談員として15年勤務し、福祉用具の普及啓発に尽力。

2000年介護保険施行と同時に介護支援専門員の実務につく。在宅支援診療所と訪問看護ステーションを併設した居宅介護支援事業所の管理者を12年間務める。その後都内の独立型居宅介護支援事業所に勤務して現在に至る。

2006年に主任介護支援専門員を取得後、地域でのケアマネジャーの連絡会や、区内の地域包括とケアマネジャーのネットワーク作りを行う。また同年から三ヵ年、東京都老人総合研究所で介護予防事業の非常勤研究員となり、現場と兼務して介護予防普及啓発の事業に参画した。

2009年より特定非営利活動法人東京都介護支援専門員研究協議会の理事を務め、2017年より理事長を務める。

王様は自分－在宅生活をめぐる50の物語

平成30年3月28日発行

筆　　　者　小島　操

発　行　人　小林大作

発　行　所　日本工業出版株式会社

本　　　社　〒113-8610　東京都文京区本駒込6-3-26

TEL：03-3944-1181　FAX：03-3944-6826

大阪営業所　TEL：06-6202-8218　FAX：06-6202-8287

販 売 専 用　TEL：03-3944-8001　FAX：03-3944-0389

振　　　替　00110-6-14874

http://www.nikko-pb.co.jp E-mail:info@nikko-pb.co.jp

〈東京本社付近図〉

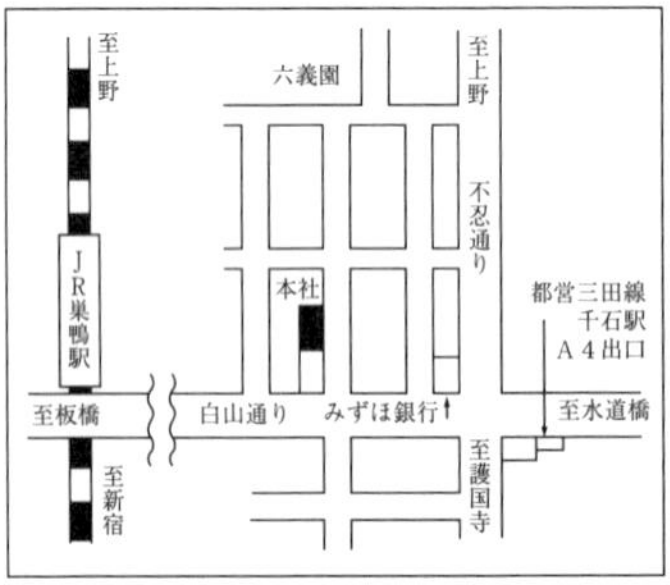

ISBN978-4-8190-3002-1　C3095　¥1500E　定価 1,500円 ＋税